Data & Sport : la révolution

Du même auteur

Aurélie Jean

De l'autre côté de la Machine. Voyage d'une scientifique au pays des algorithmes, Éditions de l'Observatoire, 2019.
L'apprentissage fait la force, Éditions de l'Observatoire, 2020.
Les algorithmes font-ils la loi ?, Éditions de l'Observatoire, 2021.
Résistance 2050, Éditions de l'Observatoire, 2023.

Yannick Nyanga
et Aurélie Jean

Data & Sport : la révolution

Comment la data révolutionne le sport

Éditions de L'Observatoire

ISBN : 979-10-329-2219-4
Dépôt légal : 2023, août

170 *bis*, boulevard du Montparnasse, 75014 Paris

À mes parents, Marie-Jeanne
et Athanase Nyanga.

« Sports is the greatest metaphor we have for life. »

Kobe Bryant

Introduction

Le *French flair* contre la tactique anglaise

Nous sommes le 1er février 2014, il est vingt et une heures au Stade de France, à Saint-Denis, dans la banlieue nord de la région parisienne, à quelques kilomètres de la capitale. Quatre-vingt mille personnes se sont déplacées, certaines de très loin, pour assister au match d'ouverture du Tournoi des Six Nations[1]. La France affronte l'Angleterre. Dans le jargon du rugby, on parle de *crunch* pour faire référence à ce match toujours aussi attendu : le duel entre les deux meilleurs ennemis, le pays de la langue de Molière et celui de Shakespeare. J'ai trente ans et je joue en équipe nationale – française, vous l'aurez compris – au poste de troisième ligne aile[2]. Je suis debout, sur la pelouse humide,

1. Compétition annuelle entre les équipes masculines de rugby à XV masculines d'Angleterre, d'Écosse, de France, du pays de Galles, d'Irlande et d'Italie.
2. Au rugby sont au poste de troisième ligne les joueurs portant les numéros 6, 7, ou 8. Ces joueurs appartiennent au groupe des « avants » et sont régulièrement les premiers à soutenir les arrières quand le jeu est lancé. On dit souvent qu'en attaque ou en défense un bon troisième ligne n'est jamais très loin du ballon.

aligné avec mes coéquipiers. *God Save the Queen*, l'hymne anglais, vient de retentir dans l'arène, et les Anglais présents tentent tant bien que mal, malgré leur nombre limité, de faire écho au chant qui rend hommage à leur reine. C'est à notre tour. Les premières notes de *La Marseillaise* retentissent. Les drapeaux tricolores se dressent et se mettent à flotter au loin. Au Stade de France, les tribunes sont très éloignées du terrain, ce qui peut donner un ton un peu austère à l'enceinte lorsqu'elle n'est pas remplie. En revanche, lors d'un match comme ce soir, l'atmosphère y est toujours incroyable, extraordinaire. La foule est déjà chauffée à blanc par la qualité et le prestige de l'opposition qui l'attend. Le stade reprend en chœur les paroles de Rouget de Lisle et une énergie surprenante parcourt mon corps. Je suis prêt à en découdre.

Le premier coup de sifflet est lancé, c'est parti.

Depuis plus d'un siècle, l'Angleterre et la France dominent le tournoi en ayant le plus grand nombre de victoires du championnat. Durant ce *crunch* se livre habituellement une bataille féroce pour connaître celui qui s'excusera en fin de match pour avoir brisé les rêves de victoire finale de son adversaire – le fameux « *Sorry, good game* ». Vous pourriez penser que ce n'est « que » du sport, mais mon engagement dépasse tout ce que j'ai pu entreprendre dans ma vie. Lorsque je porte un maillot de rugby, je représente, non sans une immense fierté, ma famille, mon club et mes supporters. C'est encore plus le cas en équipe nationale. Ma motivation est telle qu'il m'arrive souvent de me dire que je suis prêt à affronter le pire, comme des blessures graves. Peu importe l'état dans lequel mon corps sera : seule la victoire compte. Vous l'aurez compris, je suis déterminé à me battre de toutes mes forces pour gagner ce match qui symbolise à mes yeux et à ceux de mes coéquipiers la compétition dans toute sa splendeur. Le *crunch*.

Ce match est aussi l'incarnation de deux styles de jeu en complète opposition : le pragmatisme anglais d'un côté, le *French flair*[1] de l'autre. Les Anglais ont pour habitude d'analyser en amont le jeu de l'équipe contre laquelle ils vont être amenés à jouer. Leur objectif est simple : établir un plan concret et précis pour battre l'adversaire, et ne pas y déroger tout au long du match. Une vision *a priori* stratégique qui percerait avec succès et sans hésitation une équipe intelligemment articulée et préparée. En cela, j'ai toujours pensé que la capacité d'adaptation des Anglais était assez faible. Laissez-moi vous expliquer. Quand le plan fonctionne comme prévu, ils sont capables de mettre la pression sur leur adversaire de manière excessive et de le vaincre sans trop de difficulté. En revanche, quand le plan ne réussit pas, ils n'ont que très peu de solutions alternatives en réserve. Écrit autrement : les rugbymen anglais ne sont pas flexibles, ils jouent *by the book*[2], comme on dit de l'autre côté de la Manche. De notre côté,

1. Ou « instinct français », « intuition française ».
2. « Selon le plan établi ».

historiquement, nous, Français, adaptons en temps réel notre jeu à celui de notre adversaire. Nous agissons et réagissons souvent à la volée. Quand ce rugby somme toute instinctif, est pratiqué à la perfection, il est inarrêtable. Mais quand les conditions ne sont pas réunies, cela peut donner l'impression d'un jeu brouillon, désordonné, inadapté. Une analyse intuitive qui fait échouer un individu ou une équipe est toujours plus difficile à défendre qu'un calcul qui les ferait échouer tout autant. Le lecteur remarquera peut-être que cette différence de jeu est en miroir de celle observée entre les jardins à la française, taillés au millimètre près avec des rangées d'arbustes et de fleurs précisément choisis, et les jardins anglais, irréguliers.

Cette année-là, l'Angleterre est le grand favori du tournoi. Depuis deux ans, depuis la reprise en main de l'équipe par le nouveau sélectionneur, Stuart Lancaster, les recrues sont plus jeunes et semblent énergisées. À chacune de ses sorties, le XV de la Rose[1] ne cesse d'impressionner, emmené par son capitaine, Chris Robshaw, ainsi que par ses joueurs méthodiques et efficaces comme Owen Farrell et Billy Vunipola. À la seizième minute de jeu, la France mène 16 à 3. Un score assez large puisque les Anglais doivent marquer trois fois, sans aucune action de notre part, pour pouvoir nous passer devant. Contre toute attente, et sous nos regards dévastés, les Anglais réalisent cet exploit

1. Nom donné à l'équipe nationale d'Angleterre.

incroyable : trois pénalités, un drop[1] et deux essais marqués respectivement à la trente-septième et à la quarante-neuvième minute de jeu. Nous nous voyons alors nous faire infliger dix-huit points par les Anglais, qui dominent à présent le match. Nous sommes à la soixante-seizième minute et nous sommes menés de cinq points. Il reste quatre minutes avant le coup de sifflet final. Le retour aux vestiaires n'a jamais été aussi proche. La France n'a plus qu'une seule occasion de remporter ce match : marquer un essai transformé, c'est-à-dire un essai suivi d'un tir au pied réussi, pour un gain de sept points. Je suis toujours sur la pelouse et la fatigue se fait sentir dans mes jambes depuis les soixante minutes déjà jouées. J'ai des crampes. Mes deux mollets sont tétanisés par la fatigue due à la répétition des efforts et des impacts. Malgré la douleur et le stress, l'énergie du Stade de France m'embarque et me transcende jusqu'à faire disparaître la peine. En dépit du score et des minutes qui passent toujours plus vite, nous nous encourageons les uns les autres, et nous exhortons à tout donner.

Quatre minutes. C'est le temps qui nous reste. L'arbitre ordonne une mêlée pour la France à plus de quatre-vingts mètres de la ligne de but anglaise. Plusieurs dizaines de mètres nous séparent d'une victoire encore possible, mais inimaginable. L'équipe de France se lance alors dans une attaque dont

1. Au rugby, un drop est un tir au pied marqué entre les deux poteaux.

elle seule a le secret. Nous entreprenons collectivement de jouer dans les espaces libres pour faire avancer le ballon jusqu'à la ligne d'en-but adverse. On attaque successivement les Anglais sur les extérieurs du terrain (c'est-à-dire sur les bords de la touche), on joue le ballon au pied par-dessus la défense pour la faire reculer. On se passe le ballon instinctivement et systématiquement après que celui d'entre nous qui le possède est touché par un joueur anglais. En rugby, on parle de passes après contact ou *offload*. Ces passes sont parmi les gestes les plus difficiles à réaliser, car le risque de perdre le ballon est grand. En pratique, elles permettent d'immobiliser la défense, en consommant des joueurs adverses, sans que l'équipe qui attaque ait à solliciter davantage ses propres joueurs pour soutenir les attaquants. Le porteur du ballon mobilise un ou deux défenseurs ennemis, les coéquipiers les plus proches de ces défenseurs n'ont d'autre choix que de se rapprocher de la zone de plaquage, libérant ainsi des espaces sur les extérieurs. Si le ballon sort par une passe après contact, pas moins de quatre joueurs sont mobilisés en défense pour un seul attaquant. Ainsi, des espaces sont créés sur les extérieurs – puisque la défense s'est resserrée – offrant de belles possibilités d'avancer facilement à l'équipe qui attaque, donc nous.

À ce moment du match, le ballon circule donc d'un bout à l'autre du terrain avec une facilité apparente aux yeux des supporters qui nous entourent de leurs chants. Nous progressons de manière spectaculaire jusqu'à ce que notre talonneur Dimitri

Szarzewski déborde côté gauche pour aller jouer un « deux-contre-un » (deux Français attaquants contre un Anglais défenseur), en passant le ballon à Gaël Fickou, la jeune pépite de vingt ans, qui vit une de ses premières sélections. À son tour, Fickou joue un deux-contre-un accompagné par un de nos ailiers, Maxime Médard. D'une feinte de passe cette fois-ci, Fickou embarque le dernier défenseur et file marquer l'essai de la victoire entre les poteaux. Le stade est en folie. Alors que beaucoup pensaient le match perdu, nous nous imposons finalement dans ces dernières secondes. Je mets un instant à prendre conscience de notre victoire. Mon état d'épuisement ne me permet pas d'exulter comme tous les spectateurs du stade, ou comme certains de mes coéquipiers. Au contraire, je m'écroule sur le dos, allongé sur la pelouse, profitant des sentiments de satisfaction et de travail bien fait, avant que certains de mes coéquipiers se jettent sur moi pour célébrer cette victoire historique. C'est avec vingt-six points contre vingt-quatre que la France remporte un match qui est depuis entré dans l'histoire du tournoi comme un des plus beaux, tant son scénario est magique, inattendu et *a priori* contre-intuitif.

Encore aujourd'hui, à trente-neuf ans, cela reste un de mes meilleurs souvenirs en équipe de France. J'avais réalisé une de mes meilleures performances individuelles sous le maillot bleu. Je n'oublierai jamais. Cette soirée aura également été une révélation dans ma compréhension du jeu français et du mien en particulier. L'instinct, l'écoute intuitive des uns et des autres, et l'analyse de nos propres émotions ont été nos meilleurs alliés ce soir-là. Depuis, je cite très souvent ce match pour exprimer le fameux *French flair* que les Anglo-Saxons nous envient tant, et qui fut à l'origine de leur échec ce 1er février 2014. Pour ma part, je définis le *flair* comme cette aptitude à ne pas avoir de schéma de jeu préétabli dans nos esprits, de stratégie d'attaque écrite en amont, et de ne pas être construit que par l'objectif de gagner. Dans mon jeu, je trouve des solutions nouvelles dans le seul but d'avancer et de soutenir mes coéquipiers, pour bien évidemment marquer. Le *flair*, c'est la qualité de lecture et de ressenti de ce que l'équipe adverse propose en défense, mais c'est aussi prendre des initiatives afin d'apporter la meilleure réponse, encore une fois souvent nouvelle et unique, à une situation donnée. Dans certains cas, on peut parler de « revirement stratégique » sur le terrain, un revirement qui va à l'encontre de ce que le raisonnement statistique suppose dans la coordination des joueurs.

Pour expliquer ce concept, l'ancien joueur et entraîneur de rugby toulousain Pierre Villepreux parle très souvent d'« intelligence situationnelle », notamment dans son autobiographie, *Intercalé*[1]. Même si j'ai grandi avec ce concept depuis mes débuts au rugby, c'est en lisant les livres de l'ancien joueur, entraîneur et théoricien du rugby René Deleplace et plus tard ceux de Pierre Villepreux, que je

1. Pierre Villepreux, *Intercalé*, Hugo & Cie, 2011.

mets des mots, orienté par la science, sur l'idée de *French flair* et à laquelle j'ai été formé sans le savoir en apprenant à écouter mes sens sur le terrain et à réagir avec intelligence dans la foulée de situations souvent nouvelles. L'intelligence situationnelle infusée dans le *flair* fait appel à une certaine logique de la situation, mais aussi et surtout au bon discernement, aux émotions, à l'intuition et à l'instinct pour analyser et réagir à un scénario. Nous verrons un peu plus loin la différence entre l'instinct et l'intuition. À présent que cette expression est posée, il faut en comprendre les mécanismes, qui sont bien éloignés du bazar ambiant que vous pourriez vous-même imaginer. Au risque de vous surprendre, le *flair* exige un cadre structuré, une grande sensibilité et une réactivité de la part des joueurs qui accompagnent le porteur du ballon dans sa prise de décision afin de faire marquer son équipe. Bien joué, le *French flair* est quasiment systématiquement invincible. Encore faut-il en comprendre le sens et l'utiliser correctement sur le terrain.

J'écris ces lignes en 2022, et je suis entraîneur sportif de l'équipe des espoirs du Racing 92, qui est constituée de joueurs professionnels âgés de dix-huit à vingt et un ans. J'ai été nommé en juillet de cette même année après quatre saisons comme directeur sportif du club professionnel et une carrière de seize années en club comme troisième ligne. Les choses ont beaucoup changé depuis mes débuts dans le rugby. Sans jouer « à l'anglaise », on utilise des informations, des données sur les joueurs et sur les équipes pour mieux se préparer et remporter un match voire un tournoi. Aujourd'hui, la plupart des équipes de rugby, en club comme en équipe nationale, collectent des données pendant l'entraînement, les matchs et les temps de repos sur chaque joueur ou sur l'ensemble de l'équipe, afin de capturer des éléments pertinents du jeu, et d'optimiser ainsi les performances individuelles et collectives. Pour ce faire, on utilise des capteurs GPS, des accéléromètres, des caméras ou encore des sondages réguliers destinés aux joueurs. J'utilise moi-même la data au sein du Racing 92, et je dois avouer que cela m'assiste beaucoup dans mon travail d'entraîneur et de directeur sportif. J'utilise ces nombres, ces graphes et ces évolutions dans le temps pour comprendre mes joueurs, leur endurance et leur récupération, ou encore pour anticiper des blessures et ainsi agir en prévention. Cette approche analytique m'accompagne ingénieusement. Au fur et à mesure des années, je comprends toujours plus l'importance et la complémentarité du *flair* à la tendance qui se dessine sous nos yeux : ce qu'on pourrait appeler la « datafication » du sport.

Si je devais situer le moment où le rugby a commencé à saisir les opportunités du recours aux données, ce serait en 1995, l'année de son passage en discipline professionnelle. Une étape importante dans l'histoire de ce sport joué pendant longtemps par des hommes qui s'entraînaient et jouaient sur leur temps libre. Vous vous souvenez sûrement de Sébastien Chabal, qui joua pendant plusieurs années, d'abord à Valence puis en Isère, tout en travaillant comme tourneur-fraiseur, avant de devenir la star du rugby que l'on connaît, un peu avant le début de la Coupe du monde en 2007 en France. C'est à partir de ce moment que les enjeux du rugby ont changé, tant sur la perception des médias et du grand public que dans la manière d'exécuter sur le terrain. Au même moment, à l'instar de nombreux sports, le numérique puis la data ont apporté un souffle nouveau aux pratiques. Dans un premier temps sous forme de tableurs et d'équations relativement simples pour calculer les chances de remporter un match par exemple, le rugby prend un tournant particulier grâce à l'arrivée dans les années 2000 des outils numériques de plus en plus sophistiqués. On équipe les joueurs avec des capteurs, et on mesure leurs performances en collectant de l'information sur leurs actions en moyenne et en valeur absolue maximale. Puis viennent les années 2010, avec l'amélioration des capacités de calcul ainsi que des capacités de collecte et de stockage des données qui accompagnent rapidement une transformation analytique évidente. Une décennie plus tard, depuis 2020, on entre dans une sorte de révolution algorithmique où la data prend une signification encore différente. Alors que les données seules permettaient de comprendre le joueur ou l'équipe, l'algorithme qui les traite permet d'optimiser la préparation des joueurs, ou d'anticiper la stratégie pour combattre l'équipe ennemie.

À ce moment de l'introduction, vous pourriez penser que cette mutation est systématiquement bénéfique pour les joueurs, les équipes et le rugby en particulier. Malheureusement, tout n'est pas parfait dans le monde analytique, et je vois de nombreux joueurs « performer » afin d'avoir de « bonnes notes », sans véritablement écouter leur corps, leurs émotions et leurs besoins. Cette cohabitation entre instinct, intuition et nombres est bien plus complexe qu'elle n'y paraît, mais elle n'est pas impossible. Je pense même qu'elle est primordiale si on souhaite durer. C'est tout le sujet de ce livre. Vous remarquerez que j'ai utilisé ici l'anglicisme « performer », de l'anglais *to perform*. Ce mot n'est pas en « bon français », mais j'ai décidé de l'utiliser dans ce livre à quelques occasions où une traduction littérale faisait perdre le sens de mon propos. Le verbe « performer » capture ici le fait d'agir dans le but d'atteindre une performance en particulier.

C'est au cours d'une conférence nationale sur le sport en 2019[1] que j'ai fait la rencontre d'Aurélie Jean. Nous participions à une table ronde sur l'usage des données et des simulations numériques dans le sport. Je témoignais en tant qu'ancien joueur de rugby et à l'époque directeur sportif. Aurélie discutait de ses travaux sur les calculs par ordinateur des traumatismes crâniens dus à un choc à la tête. Bien évidemment, cette thématique me parle beaucoup, car c'est un sujet critique dans les sports d'impact. Aurélie, qui avait joué au rugby

---

1. Sport Unlimitech à Lyon, événement créé par Karine Hermann et Frédéric Michalak.

dans son enfance, me connaissait bien. Moi, je la découvrais. De cette rencontre est née une amitié qui dure encore aujourd'hui. Le 1er novembre 2019, j'invitai Aurélie à découvrir le club de la ville du Plessis-Robinson, ses équipements, ses machines et ses données. Je lui présentai les différents usages que j'en faisais, et je profitai d'un entraînement de mes joueurs pour lui montrer les courbes et les scores en temps réel. Aurélie accumulait les remarques et les interrogations. Je sautai sur l'occasion pour partager avec elle mon point de vue. Elle adhérait à mes propos et repartit deux heures plus tard avec des idées plein la tête et l'envie d'en rediscuter. Ce fut chose faite quelques mois plus tard, autour d'un café chez elle. Aurélie avait eu l'occasion de me lire et appréciait ma capacité à expliquer et à penser contre moi-même. Elle me lança le défi d'exposer mes réflexions dans un livre. L'idée était folle, mais également excitante. Certes, j'avais été plusieurs fois sollicité pour écrire ma biographie, mais je n'ai jamais été enclin à parler beaucoup de moi. En revanche, j'étais attiré par l'idée de parler de mes expériences dans le monde de la data appliquée au rugby, ainsi que d'articuler ma pensée au sein d'un livre. Mes années comme joueur amateur puis professionnel, et comme directeur sportif puis entraîneur, m'avaient permis de réfléchir longuement sur la question de l'usage des données dans le sport. Une rencontre avec la directrice de L'Observatoire, Muriel Beyer, quelques semaines plus tard, et le projet était lancé ! « Écrivez-le à quatre mains ! » lança Muriel. Moi, j'apporterais l'histoire de fond et mes réflexions, Aurélie, ses connaissances en data. Une combinaison idéale qui correspond à mon ambition : créer des ponts intelligents et intelligibles entre deux disciplines qu'*a priori* tout sépare.

Et voici donc ce livre, que vous avez entre les mains.

J'ai écrit ce texte pour dérouler une expérience, une analyse, mais aussi une réflexion sur ce champ scientifique et technologique qui s'étend et se développe à grande vitesse. J'ai été ce rugbyman, puis ce directeur sportif, et maintenant cet entraîneur, qui profite de la data pour travailler et s'améliorer. Je suis également ce mordu de sport qui n'aurait peut-être pas réussi s'il avait eu dix-huit ans aujourd'hui, en 2023, à cause de ces data. Mon physique et mes performances « chiffrées » n'entraient pas systématiquement dans les considérations analytiques qui définissent aujourd'hui un talent au rugby. C'est aussi cela que je voudrais faire comprendre : détecter l'atypique, l'inconnu ou encore l'incroyable doit rester possible, même dans une ère où les chiffres dictent en apparence les règles du sport. J'espère contribuer par cet ouvrage à une réflexion approfondie tant du côté des acteurs du sport que de celui des scientifiques et des ingénieurs. J'espère aussi intéresser tous les individus qui souhaitent comprendre ce monde inouï.

Que vous soyez sportif professionnel ou amateur, entraîneur, scientifique, ingénieur, politique, supporter ou encore simple curieux, vous trouverez dans ces pages une grille de lecture pour comprendre ce monde nouveau qui se dévoile chaque saison un peu plus. J'irai même plus loin en affirmant que ce livre n'est pas un ouvrage sur le rugby, ni même sur le sport, mais sur l'utilisation des données dans une discipline qui voit ses contours évoluer, avec les changements intrinsèques à la science analytique. En d'autres termes, cet ouvrage pourrait s'appliquer à l'artisanat, au marketing, à la communication, à la médecine, ou encore à l'éducation. Profiter des avantages et des opportunités de la data sans prendre le risque de dénaturer la profession ou sa mission est un des nombreux enjeux des prochaines décennies. Avec ce livre, je veux partager mon regard, mes arguments, mes expériences et mes conclusions mêmes partielles.

1

Le rugby, la data et moi

Mon histoire aurait pu mal commencer. À l'adolescence, j'ai eu mon premier rendez-vous avec la data, et cela a failli être un rendez-vous manqué. J'avais quinze ans et je passais les concours d'admission pour le pôle espoir de rugby à Béziers. Je réalisai un test de mesure d'endurance qui consistait à courir le plus longtemps possible sur une piste d'athlétisme balisée tous les dix mètres par un plot qui bipait selon une certaine fréquence. À chaque bip je devais avoir passé le plot. Au bout de deux retards sur un plot, c'était l'élimination. Au fur et à mesure des tours de piste, les bips se rapprochaient, je devais accélérer et tenir sur la durée… J'ai échoué. Heureusement pour moi, ce premier rendez-vous n'a pas été le point final de l'histoire. Mes performances sur le terrain la même journée ont convaincu les sélectionneurs de me choisir parmi cinquante autres joueurs. Depuis cette première expérience, semi-ratée, admettons-le, j'ai une appréhension voire une aversion pour tous les tests d'endurance physique. Il m'a fallu des années pour pouvoir m'affranchir de cette peur chaque fois que je passais ce genre de test pour enfin me sentir capable de réussir. Laissez-moi vous raconter…

Tatie Clémentine, *data analyst* avant l'heure

Avant de devenir professionnel, en 1995, le rugby était considéré comme un art de vivre où les joueurs suivaient des codes vestimentaires et des attitudes au sein de communautés organisées autour de ce sport. Comme dans le Languedoc-Roussillon, la région de mon enfance, où chaque village, peu importe sa taille, possédait son équipe de rugby. La Fédération française de rugby (FFR) en avait même fait son slogan : « Le rugby, c'est l'école de la vie ». Pour ma part, je suis entré dans le club d'Agde à l'âge de cinq ans (vous avez bien lu, cinq ans) sans rien savoir sur ce sport, et un peu par hasard. À l'époque, j'étais un garçon assez turbulent et mon père pensait que je devais pratiquer une activité sportive pour canaliser mon énergie envahissante. Dans la ville d'Agde, où j'ai grandi, seul le rugby était disponible pour les moins de six ans, j'ai donc écouté sagement mon père en rejoignant le club à côté de chez nous. Même si j'espérais secrètement qu'il m'inscrive la saison suivante au football, qui m'était beaucoup plus familier et me plaisait beaucoup. C'était il y a trente-quatre ans, et je n'ai jamais quitté le rugby. Mais à cinq ans, je me souviens que le ballon ovale aux extrémités pointues me faisait peur. Chaque fois je voyais l'une des pointes – qui me paraissaient à l'époque gigantesques – arriver vers moi, je ne pouvais m'empêcher de fermer les yeux. Immobile, j'étais alors incapable de l'attraper. Une peur paralysante qui aurait pu me faire abandonner. Mais la camaraderie avec les autres enfants du club, les goûters en fin d'entraînement et l'état d'esprit général de jeu et d'amusement ont fait que je suis resté assidu tous les mercredis après-midi de cette première année. Et pourtant, j'avais l'impression évidente que je n'avais pas d'appétence particulière pour ce sport et encore moins de talent.

Mais c'est au cours de ma deuxième année au sein du club que j'ai un déclic, et ce, grâce à ma tante. Tatie Clémentine, qui venait nous rendre visite de la ville de Kinshasa, au Zaïre, voulait absolument m'accompagner à un des entraînements, habillée de son pagne et de son boubou de toutes les couleurs, qui contrastaient avec la grisaille de ce mercredi de début d'automne. Je la vis s'installer sur la pelouse au bord du terrain, pensant qu'elle allait sûrement profiter de ce moment pour se remettre de son long voyage en attendant son neveu. Au bout de deux heures, on repartit tous les deux vers la maison. Le long du chemin, elle m'interrogea : « Pourquoi n'attrapes-tu pas le ballon ? » Je me sentis un peu honteux et je ne sus pas quoi lui répondre. Je craignais de lui avouer que j'avais une peur incontrôlable de récupérer ce ballon. Je tentai plusieurs explications comme le fait que la passe n'était pas bien faite ou encore que le ballon m'avait glissé des mains. Mais je ne faisais que m'enfoncer dans des propos qui ne semblaient pas la convaincre. Attentionnée, elle me sourit et changea de sujet dans la foulée. De mon côté, ce n'était pas le fin mot de l'histoire. Si ma tante l'avait remarqué, tout le monde devait sûrement s'en être rendu compte. Le mercredi suivant, j'étais résolu à me saisir de la balle. Lorsque j'y parvins, j'expérimentai pour la première fois une sensation qui allait m'envoûter pour le reste de ma vie : le sel de la victoire. Depuis cette révélation, j'ai développé une passion débordante pour cet objet ovale. J'attendais chaque mercredi avec impatience pour m'amuser avec mes copains et dominer encore plus ce ballon ainsi que ce terrain que je pouvais enfin dévorer. Par la suite, je découvrirai cette citation du baron Pierre de Coubertin qui résonne parfaitement avec ma première victoire : « Le sport va chercher la peur pour la dominer, la fatigue pour en triompher, la difficulté pour la vaincre. » Sans aucun trophée et loin des regards, je me sentais un champion, car j'avais réussi à dominer ma peur bleue du ballon.

C'est en discutant avec Aurélie de cette histoire que je pris conscience d'une chose fondamentale. Ma tante, sans le savoir, avait joué le rôle d'un « capteur » en m'observant jouer et en me donnant ce feed-back qui m'a permis de modifier mon comportement et ma perception du jeu afin de m'améliorer. D'une certaine manière, on peut aujourd'hui apparenter l'observation puis la question de Tatie Clémentine à une collecte et même à un traitement de la data concernant mon comportement sur le terrain. Une sorte d'avant-goût de l'analytique sportive avant l'heure !

Mon entrée chez les grands… loin de la data, ou presque

Je suis resté au club d'Agde jusqu'à l'âge de quinze ans. Là-bas, la seule activité que j'effectuais sans ballon ovale était le footing de début de saison. Chaque année, tous les enfants de l'école de rugby couraient ensemble pendant vingt minutes à un rythme suffisamment lent pour pouvoir parler, rigoler et se raconter leurs histoires de vacances. Revoir mes copains était ma seule motivation pour cette course d'endurance, car je n'y trouvais aucun plaisir. Pire, je me trouvais mauvais. Cette course était pour mes camarades et moi une sorte de rituel marquant le début de l'année scolaire et sportive. En dehors de cette épreuve salutaire de la rentrée, tous mes entraînements s'articulaient autour d'exercices avec le ballon dans les mains. Et je me débrouillais plutôt bien, marquant plusieurs essais à chaque match, au point d'être régulièrement sollicité dès l'âge de mes dix ans par les différents entraîneurs de l'équipe de Béziers, qui tentaient de me recruter pour évoluer sous leurs couleurs. À l'époque, je ne comprenais pas l'intérêt de rejoindre cette équipe, puisque je ne savais nullement que je pouvais faire de mon jeu d'enfant un métier. Mais à quatorze ans, sur le point de choisir mon lycée, je décidai grâce au soutien et au conseil de mon père d'intégrer un établissement adapté aux jeunes sportifs. C'est à ce moment-là que l'équipe biterroise entra vraiment dans ma vie. En 1998, je passai les sélections pour le pôle espoirs de Béziers tout en restant au club d'Agde. Le pôle espoirs est une voie particulière mise en place par la Fédération française de rugby, qui donne accès pour les futurs sportifs professionnels à un aménagement des cours, afin de suivre une scolarité normale au lycée tout en bénéficiant d'un entraînement intensif de première classe. Au cours de cette sélection, je réalisai le fameux test d'endurance avec les plots autour de la piste d'athlétisme dont je vous ai parlé précédemment. Ce test mesure la vitesse maximale aérobie (VMA) d'un individu, qui fut pendant longtemps la référence au rugby, mais pour laquelle je n'étais pas à l'aise. C'est au moment de passer ce test d'évaluation que mes souvenirs amers de footing de début de rentrée au club d'Agde remontèrent à la surface. D'autres tests viendront compléter ces évaluations, comme ceux de puissance, de force et de vitesse, mais la mesure de la VMA était encore dans les années 2000 le mètre étalon de la sélection. Malgré mon mauvais score de VMA, je fus retenu pour le pôle espoirs de la ville de Béziers, à seulement trente minutes de chez moi. Mais mon angoisse du test d'endurance ne s'arrêta pas là : tests ratés et déceptions qui vont avec, jusqu'à développer une sorte de peur épidermique à l'idée même de passer un examen d'aérobie. En revanche, ce qui surprit mes entraîneurs de l'époque, ce fut ma capacité durant un match à courir vite et longtemps sur le terrain. D'une certaine manière, sur la pelouse, le sport reprenait ses droits, et je pouvais à nouveau exprimer mes qualités qui me permettaient d'exécuter au plus haut niveau. Comme si le contexte jouait un rôle dans ma performance. Le match étant, vous l'aurez compris, ma configuration favorite. La suite donna raison à ceux qui avaient décidé de ma première sélection, puisque je jouai ma première rencontre en tant que sportif professionnel à dix-huit ans, j'intégrai l'équipe nationale du XV de France à vingt ans, et participai à ma première Coupe du monde à vingt-deux ans. Et ça ne s'arrêta pas là. De vingt à vingt-trois ans, j'obtins vingt-cinq sélections pour l'équipe de France. Je fis partie de l'équipe vainqueure du Tournoi des Six Nations en 2006 en jouant tous les matchs, sans sortir une seule fois. Force est de constater que la VMA avait mal prévu mon avenir sportif. Ce test n'existe plus aujourd'hui, pour le plus grand bonheur de certains.

Vous pourriez penser que mon entrée chez les grands s'est faite par une porte qui aurait pu se refermer sur moi à tout moment, ou peut-être que je me suis retrouvé face à la bonne porte au bon moment. Vous pourriez affirmer que j'ai eu de la chance. J'ai en effet été chanceux, mais pas comme vous pouvez l'imaginer : j'ai eu l'aubaine de rencontrer des entraîneurs qui ont su révéler mon talent. Mon cas dévoile une chose plus importante que le simple échec d'un joueur à une épreuve sportive.

Il exprime le décalage que l'on risque d'avoir en utilisant de façon aveugle des chiffres, de la data, dans les décisions qu'on peut prendre. Même si la mesure de VMA est incomparable à la diversité des informations aujourd'hui recueillies, elle aurait pu me vaincre et me faire prendre un tout autre chemin. D'une certaine façon, cet exercice raté à quinze ans est la raison même de ce livre : permettre à chacun de construire son esprit critique, prendre le recul nécessaire dans l'appréciation des données qui nous entourent et qui nous guident.

Le passage au rugby analytique et ma longue mi-temps

Depuis sa professionnalisation, le rugby a vécu plusieurs transformations, dont celle de la data. Quand j'ai commencé ma carrière professionnelle, en 2002, la data, balbutiante, arrivait progressivement. Ma seule expérience en analytique sportive se résumait à quelques critères des tests de sélection, dont la méchante mesure de VMA. Au cours de mes premières années sous le drapeau tricolore, je n'avais jamais été formé aux données, à ce qu'on pouvait faire avec, ni aux bénéfices que je pouvais en tirer pour améliorer mon jeu. Mais cela ne semblait pas important, les victoires et les sélections s'enchaînaient pour moi sans que j'eusse à songer à une quelconque stratégie de ma part. J'étais assidu, je m'entraînais comme mon agenda me l'imposait, et je donnais le meilleur de moi-même sans m'interroger sur mes performances ni sur ma manière de les atteindre. Tout roulait. Hélas, le 19 octobre 2007 allait être mon dernier jour de match en équipe de France, du moins c'est ce que j'ai cru pendant longtemps ; j'entamerai ensuite une traversée du désert, une sorte de longue mi-temps dans un match dont on ignorait bien le score. Ce jour-ci, je jouais ma vingt-cinquième sélection lors de la finale pour la troisième place en Coupe du monde face à l'Argentine. Les changements de joueurs et les réorganisations d'équipes s'effectuaient souvent juste après cette compétition, dans l'idée de préparer la prochaine, quatre ans plus tard. C'est ainsi, et à ma grande surprise, que cette même année, un peu avant le Tournoi des Six Nations de 2008, le personnel de l'équipe de France m'annonça que je ne serais pas repris au sein de l'équipe, prétextant vouloir revoir les profils des joueurs. À ce même moment, de nombreux joueurs emblématiques, tels que Fabien Pelous, Serge Betsen ou encore Christophe Dominici, prenaient leur retraite de joueur international. Un changement s'opérait. Je me souviens avoir reçu un gros coup sur l'instant sans vraiment comprendre ce qu'il m'arrivait. J'avais vingt-trois ans. Puis sont arrivés les remords et la culpabilité. Qu'avais-je donc fait de mal ? Au même moment, dans mon club, le Stade toulousain, le nouvel entraîneur établissait des standards physiques pour les sportifs, parlant souvent de « cahier des charges » destiné à permettre aux joueurs de rugby d'atteindre les meilleures performances. Je ne comprenais pas ces indicateurs mesurés sur les performances des joueurs, ni même la logique qui faisait d'elles des éléments déterminants pour la qualité de mon jeu. Comme si ma confiance n'avait pas déjà été suffisamment écorchée, de ces standards j'obtins les conclusions suivantes : j'étais trop petit – un mètre quatre-vingt-sept au lieu du mètre quatre-vingt-dix minimal – et je n'ai pas assez de masse – je pèse à l'époque quatre kilos de moins que les cent exigés. En revanche, notre entraîneur estimait que j'étais capable de me mettre dans des dispositions mentales idéales pour me surpasser de temps à autre, mais que sur la longueur je ne tiendrais pas à ce rythme chez les professionnels. Les semaines passaient, je voyais les matchs défiler sans pouvoir mettre le pied sur le terrain ni les mains sur ce ballon que j'avais consacré tant d'énergie à dominer pendant vingt ans. En pratique, j'étais souvent utilisé pour jouer les matchs de saison régulière. En revanche, pour les matchs décisifs, je me retrouvais maintes fois remplaçant, les entraîneurs privilégiant mes amis Thierry Dusautoir ou Jean Bouilhou.

Deux solutions s'offraient à moi. Je pouvais me plaindre, accuser les autres et le système de tous mes maux et quitter ma carrière professionnelle. Ou je pouvais me battre en me concentrant sur ce que je pouvais contrôler, à savoir mes entraînements, à travers une compréhension du changement de paradigme qui s'opérait sous mes yeux. Sans aucun suspense : je choisis la seconde option. Je me rapprochai de mon coéquipier argentin du Stade toulousain et ami Pato Albacete, un joueur de deuxième ligne. Je considérais Pato comme un stakhanoviste de l'entraînement. Il travaillait beaucoup, s'entraînait dur, dans l'objectif de dépasser les standards définis par les coachs. Il faisait deux mètres pour cent trente kilos, et avait une endurance extraordinaire sur le terrain ainsi que des actions remarquables du début à la fin d'un match : même lorsque tout le monde était fatigué, il continuait… J'allais donc suivre ses conseils et sa méthode pour espérer gagner ces standards afin qu'ils ne deviennent plus un frein, mais un levier pour le reste de ma carrière.

Durant l'été 2009, je m'entraînais comme jamais auparavant. J'avais compris ce que signifiaient les données collectées sur mes performances et comment les faire évoluer dans la bonne direction, et ce, grâce à un programme physique sur mesure chaque jour. Je me suis mis à conceptualiser et à « intellectualiser » mes accomplissements, tout en me fixant systématiquement des objectifs clairs et précis à court, moyen et long terme. Le succès de ces objectifs était mesuré par des indicateurs clés de performance. J'étais également accompagné d'un préparateur physique, d'un kinésithérapeute, d'un ostéopathe, ou encore d'un diététicien en plus de mes entraîneurs. Très vite, sur et en dehors du terrain, je ne laissais plus le hasard rythmer ma carrière. Je ne contrôlais pas tout, mais je me mis à maîtriser mes réactions et ma proactivité envers un scénario même nouveau. Cette année-là, j'ai récolté les fruits de mon labeur en étant nommé capitaine du Stade toulousain. Malheureusement pour moi, je fus victime d'une rupture du tendon rotulien du genou droit. Pour ceux qui ne le savent pas, cette blessure est bien pire que celle des ligaments croisés. Les médecins furent unanimes : je devais prendre le temps nécessaire pour réparer ce tendon, au risque de me blesser une seconde fois et de mettre fin à ma carrière. La mi-temps pouvait ne jamais s'arrêter. Je resterai donc éloigné des terrains pendant dix mois, une saison entière. À force de travail, je réussis à revenir encore plus fort de cette blessure, et lors de mon premier match de retour, en septembre 2010, j'étais un tout autre joueur dans ma tête et dans mon corps. Il aura fallu attendre encore deux ans supplémentaires pour porter à nouveau le maillot de l'équipe de France. Mais ce temps était indispensable pour m'engager dans une transformation qui m'a fait saisir toutes les facettes de l'analytique sportive dans le rugby.

Ce fut une longue mi-temps. Cinq ans exactement, entre 2007 et 2012, approximativement le temps entre deux Coupes du monde. Sans la data, je n'aurais pas réussi. Ma seconde carrière a été rendue possible grâce à elle.

Ma seconde carrière… avec la data

Quand j'ai repris ma carrière en équipe nationale, j'ai intensifié mon usage de la data que je collectais moi-même sur mes habitudes quotidiennes. Pendant des années, quotidiennement, même pendant mes jours de repos, j'ai noté dans un tableau ce que je mangeais ainsi que les heures de mes repas, mes périodes de sommeil et leur durée, ou encore la topologie de mes entraînements. Je notais également mon ressenti devant la difficulté d'un exercice donné, qu'on appelle aussi « mesure de perception de l'effort », ou RPE (pour *rating of perceived exertion*). Puis j'ai comparé ces informations entre mes matchs et mes performances associées que j'obtenais en grande partie par mes coachs, mais aussi par moi-même en notant mon ressenti, ma fatigue et mon niveau d'énergie avant, pendant et après la rencontre. Par cette méthode, je construisais des ponts entre mes data hors du terrain – alimentation, repos et entraînements – et celles dans le stade. Ce qui me permettait d'adapter mon programme alimentaire ou mes entraînements et de m'améliorer. Armé de patience, je n'ai vu les résultats qu'au bout d'un an. Je reste persuadé que grâce à cette méthode orientée par la data j'ai pu éviter bon nombre de blessures. En 2023, cette approche est commune à de nombreux sportifs, mais en 2010, c'était encore original.

En juin 2018, à trente-quatre ans, j'ai décidé de prendre ma retraite en tant que joueur professionnel. Comme beaucoup de sportifs dans cette situation, j'ai réfléchi aux suites possibles de ma carrière. Comme je l'ai dit, le Racing 92 me confia la mission de directeur sportif de l'équipe. Ce club avait été repris en 2006 par Jacky Lorenzetti pour remonter en seulement quelques années dans le Top 14, faisant ainsi partie depuis 2009 et chaque année des six meilleures équipes du championnat. Mon rôle en tant que directeur sportif consistait entre autres à faire le lien entre les différentes entités qui représentent un groupe professionnel, telles que les joueurs, le personnel – qu'on appelle aussi *staff* en bon franglais – et les autres secteurs d'activité internes comme les médecins ou encore les diététiciens. Je devais également être l'interface du club avec les entités extérieures telles que les autres clubs, les agents, les fédérations, les ligues ou encore les partenaires comme les sponsors. Vous vous en doutez, je n'ai pas laissé la data au vestiaire, bien au contraire. J'ai commencé à l'utiliser dans le processus de recrutement des talents. Le recrutement est pour moi la partie la plus importante et compliquée de mon métier. Bien recruter, c'est déjà faire la moitié de son travail ; la formation, l'entraînement et le management faisant le reste. À l'époque, nous avions élaboré un plan de succession dans lequel nous avions mis, face aux effectifs disponibles que nous avions au sein du club, les profils de jeunes espoirs, en anticipant ce que serait la réussite du groupe à moyen terme – c'est-à-dire dans un à trois ans – s'ils rejoignaient le club. Pour ce faire, nous manipulions des indicateurs de performance ainsi que leur évolution dans le temps pour chaque joueur. Nous allions ensuite à la rencontre des joueurs susceptibles de compléter les compétences de l'équipe.

En tant que directeur sportif, j'ai également appris à travailler avec des logiciels conçus par des entreprises de data qui affirment pouvoir « tout[1] » analyser d'un joueur. Ces sociétés fournissent des rapports précis et détaillés sur une collection impressionnante de métriques d'action, telles que le nombre de kilomètres parcourus, le temps passé au sol, le nombre de courses avec le ballon entre les mains, ou encore le nombre de plaquages. Aujourd'hui, on ne peut plus se passer de ces outils, ce serait revenir en arrière et ne pas profiter des avancées technologiques pourtant révolutionnaires dans tous les milieux sportifs. Depuis l'été 2022, je suis entraîneur et manager de l'équipe espoirs du Racing 92[2]. Je dois me pencher sur la personnalité de chaque joueur, sur sa pratique et sur sa sensibilité. Je prête une attention particulière au potentiel de chacun, en considérant chaque joueur de manière unique de façon à l'intégrer efficacement à l'équipe. Ainsi, je crée une dynamique collective idéale par une combinaison intelligente des qualités optimisées de chacun. Même si les espoirs sont plus à l'aise avec les notions de data ou de numérique (vous l'avez compris, car ils sont jeunes), ils peuvent avoir tendance à en devenir prisonniers. Par exemple, pendant longtemps, on a considéré le *ruck* – une mêlée de joueurs construite de façon spontanée pendant le

1. Le terme « tout » ici est à prendre avec précaution car on ne peut pas affirmer tout regarder chez un sportif.
2. Aussi appelée Reichel-Espoirs du Racing 92.

jeu après un plaquage – sans tenir compte de la position d'arrivée des joueurs au sein de cette mêlée. Les jeunes recrues cherchaient alors à réaliser un *ruck* à tout prix, le plus de fois possible au cours d'un match, sans réfléchir à son efficacité. Aujourd'hui, et pour répondre à la réaction des joueurs d'entrer en *ruck* systématiquement, on prend en compte leur ordre d'arrivée dans la mêlée, en considérant seulement les premier et deuxième soutiens dans la mesure d'efficacité. J'apprends ainsi à mes joueurs espoirs du Racing 92 à penser contre eux-mêmes et à s'interroger sur leurs actions afin de s'extraire des indicateurs de performance comme unique référence.

Mon rapport à la data aujourd'hui

Je ne vous cacherai pas que j'ai un rapport singulier avec la data. Elle a d'abord été la raison d'un départ bancal avec une angoisse persistante à l'égard des tests d'endurance. Puis elle a été la cause de cette longue mi-temps dans mon parcours, dont je me serais bien passé. Mais elle m'a également permis de mieux me connaître, de m'écouter différemment et de travailler en conséquence pour revenir dans le jeu à mon plus haut niveau. Elle m'a aussi permis d'entamer une seconde carrière, au Racing 92, où elle allait là encore être mon alliée. De mon expérience, je retiens une chose fondamentale et avec laquelle Aurélie est d'accord : la data n'est pas bonne ou mauvaise en soi, mais elle est ce qu'on fait d'elle – comment on la collecte, comment on l'interprète et comment on la raconte. Je prends le temps et je fais un effort particulier pour expliquer aux joueurs les mécanismes de logique qui nous font voir cette donnée de telle manière plutôt qu'une autre. Le joueur qui est le sujet de cette data doit assimiler la logique analytique qui agit sur lui pour éventuellement la défier, voire pour la contredire. Ainsi l'analytique sportive ne fera que grandir pour être encore mieux exploitée.

La data m'apporte énormément, mais il y a quelque chose qu'elle ne pourra jamais combler : mon besoin stratégique d'intuition – ou de *flair* – pour agir et réagir sur le terrain. Cela semble antinomique : comment parler de data et d'intuition dans une même phrase ? Et pourtant c'est ce que je veux entremêler tout au long de cet ouvrage. La data est au service du *flair* et non en opposition. Mieux éclairé – par la data, cela s'entend –, je peux être plus près de mon intuition et de mon instinct, qui me parlent avec une meilleure connaissance de la situation. Je leur donne ce cadre organisé et ils peuvent alors s'exprimer plus justement. Je parle d'intuition et d'instinct pour faire référence au *flair*, mais ce sont en réalité deux notions strictement différentes. L'instinct est un phénomène biologique qui oriente une action sans que l'on ait conscience des mécanismes qui en alimentent les causes. L'intuition quant à elle résulte de l'expérience raisonnée et des connaissances accumulées qui orientent une réflexion dont on aura du mal à exprimer avec précision le cheminement. Il n'est pas rare – et pas entièrement faux – de voir utilisé le terme d'« instinct » comme synonyme d'« intuition », mais il y a tout de même une différence qu'il faut garder à l'esprit. Sur le terrain, mon intuition et mon instinct fonctionnent ensemble et de façon dépendante pour orienter mes actions. Dans ce livre, je parlerai de l'un puis de l'autre, mais souvent des deux. Au rugby comme dans de nombreux sports, ces deux modes d'action fonctionnent en binôme et sont aujourd'hui accompagnés par un ensemble de données interprétées. Cette orientation analytique est actuellement la tendance dans tous les clubs de rugby professionnels et les équipes nationales du monde entier.

En France, le Stade toulousain auquel j'appartenais, et qui a marqué à jamais ma vision du rugby, a énormément théorisé la discipline et son jeu. À l'époque, tous les entraîneurs étaient d'anciens professeurs de sport passés par l'université et avaient donc une approche scientifique. À travers son histoire et les échecs inhérents à la vie d'une équipe autant que ses réussites, le club a dû se (re) construire jusqu'à renaître dans le milieu des années 1980. Ce qui marque le début de son hégémonie sur le rugby français et européen, qui dure encore aujourd'hui, à l'heure où j'écris ces lignes. En 2023, le club continue de réfléchir sur les manières de définir et mesurer la performance, et surtout sur la façon dont elle évoluera dans le futur. Le Stade toulousain s'engage dans un travail prospectif pour adapter son identité à sa vision du rugby, davantage orientée par la data. Cette vision est d'ailleurs partagée par tous les acteurs de toutes les catégories du club : l'école de rugby (de six à quatorze ans), les cadets (moins de seize ans), les juniors (moins de dix-huit ans), les espoirs (moins de vingt et un ans) et les professionnels. En passant aussi par toutes les équipes dirigeantes, incluant le marketing et la communication. Les moyens mis en jeu sont similaires dans toutes les équipes à travers le monde, comme l'intégration de coachs data, de scientifiques et d'ingénieurs de la donnée ou encore d'analystes sportifs (nous verrons dans le prochain chapitre le rôle de chacune de ces personnes). Les clubs vont même jusqu'à travailler avec des start-up spécialisées dans le traitement des données sportives. C'est le cas du Racing 92 et tous les autres grands clubs. L'équipe de Nouvelle-Zélande, les fameux All Blacks, est sûrement la référence mondiale du rugby marié à la data. On peut d'ailleurs lire sur leur site : les All Blacks sont l'équipe internationale de rugby masculin la plus performante de tous les temps avec un taux de victoire de presque 80 %[1]. La mesure de performance (ces fameux 80 %) fait partie de leur identité. Ils ont été trois fois champions du monde et leurs joueurs comptent parmi les plus grands de l'histoire du rugby, comme Jonah Lomu, Dan Carter ou encore Richie McCaw.

1. 77,12 % exactement.

2

La data dans le sport

Aujourd'hui, les sujets sur la data deviennent communs à toutes les industries et à tous les secteurs. Même si dans la grande majorité des cas on a la fâcheuse tendance à associer le mot « data » aux réseaux sociaux, qui collectent nos informations pour orienter nos comportements – comme nous faire rester le plus longtemps possible sur leur plateforme –, on reconnaît la présence et l'usage de données partout autour de nous. Que ce soit pour travailler, se déplacer, se soigner ou encore communiquer, la data est un levier pour augmenter les performances, faciliter l'exécution de tâches, calculer et suivre l'évolution de métriques au cours du temps, ou encore obtenir des informations pertinentes sur un phénomène ou une situation. Elle intervient dans quasiment tous les domaines, de la médecine à la production industrielle, en passant par le génie civil, la finance, l'éducation ou encore l'art et le journalisme. Au point de créer de nouveaux termes voire des nouveaux métiers comme le « journalisme orienté par la data » (*data driven journalism*), la « médecine computationnelle » ou encore l'« art numérique ». Le sport n'échappe pas à cette tendance pour profiter pleinement d'informations à différents niveaux de granularité, au profit d'un joueur ou d'une équipe. On parle d'« analytique sportive », qui est une sous-discipline des sciences du sport. Même si la data intervient également dans les paris sportifs, nous choisissons ici de restreindre notre réflexion à la pratique sportive *stricto sensu*, comme l'entraînement, la récupération physique ou la coordination sur le terrain.

Qu'est-ce que la data ?
Data non structurée *versus* structurée

La data ? Ce mot fait désormais partie du langage courant, mais même si nous sommes capables de citer des exemples de données – encore une fois d'ordinaire sous le prisme des réseaux sociaux –, nous avons un peu plus de difficultés à en produire une définition claire et précise. Les données sont en fait l'ensemble des informations qui décrivent un phénomène, une personne physique ou morale, une situation ou encore un groupe d'individus. On distingue les données structurées des données non structurées. La data non structurée recouvre les données brutes sur lesquelles aucun traitement ou aucun nettoyage n'ont été appliqués : une photo, une vidéo, une bande audio, un e-mail, ou encore un texte, par exemple. Cet ouvrage est en soi une donnée non structurée. Ces données brutes sont ensuite entre autres structurées pour pouvoir être exploitées dans un calcul statistique ou au sein d'un algorithme, par exemple pour donner une tendance ou faire des prédictions comme nous le verrons un peu plus en détail dans ce livre. La structuration de la data brute consiste à organiser et hiérarchiser cette donnée ainsi qu'à l'annoter. Prenons un exemple concret en lien direct avec le sujet de notre livre, le sportif.

Le sportif est ici un individu dont on souhaite analyser le comportement de façon analytique. Pour cela, on associe ce sportif à ce qu'on appelle un « point de donnée » auquel on attache un ensemble de metadata (ou métadonnées) qui définissent ce qu'il est quantitativement et qualitativement. Le terme *meta* en grec ancien signifiant « au-delà de » ou « au-dessus de ». Prenons le cas d'un rugbyman. On peut attribuer à l'entité « rugbyman » un nom, un âge, le nombre d'années en exercice, la liste des récompenses obtenues à l'échelle nationale et internationale, le plus haut rang mondial individuel, le plus haut rang mondial en équipe, son équipe actuelle ou sa vitesse moyenne pendant un match ainsi que ses pics de vitesse. Bien évidemment, ces metadata ne sont pas exhaustives. On aurait pu ajouter sa taille, son poids ou ses habitudes alimentaires par exemple. On aurait aussi pu y ajouter la valeur de sa VMA ! Dans mon cas, je m'appelle Yannick Nyanga, j'ai trente-neuf ans, je fais un mètre quatre-vingt-sept et cent dix kilos, j'ai été actif pendant seize années, j'ai été quatre fois champion de France en équipe, j'ai gagné le Tournoi des Six Nations en 2006, et ma vitesse maximale sur le terrain en compétition était de plus de trente kilomètres-heure.

Le choix de ces champs fait entièrement partie de la stratégie analytique que l'on souhaite mettre en place. L'oubli ou le choix maladroit de metadata peut amener à des analyses faussées et donc à des conclusions déformées. Par exemple, si on oublie le poids dans les metadata du joueur, on risque fort bien d'avoir du mal à analyser avec justesse les effets de son régime alimentaire tout au long d'une saison, car on ne collectera pas sa perte ou son gain de masse au cours du temps. Un autre exemple de choix maladroit – tiré par les cheveux, je vous l'accorde – est l'ajout de la couleur de peau ou du statut marital dans ces metadata, qui n'ont pas leur place dans la description professionnelle du sportif... Dans certains cas, on peut également chercher à analyser les contributions des joueurs au jeu d'équipe sans suivre leur identité. Pour cela, on peut anonymiser les données en ajoutant dans les metadata un nombre entier qui est l'identifiant du joueur, pour ainsi ne pas connaître son nom et son prénom au moment de traiter l'information.

Préparer un jeu de données

On construit ce qu'on appelle un « jeu de données » pour pouvoir analyser une situation ou un individu dans le but de répondre à une question (quelle équipe va gagner le Tournoi des Six Nations ?), de résoudre un problème (optimiser les entraînements des joueurs pour minimiser le risque de blessures en compétition) ou pour comprendre des mécanismes d'un phénomène (les risques de traumatismes physiques liés aux mêlées). Les données de ce jeu sont d'abord collectées au sein d'un échantillon qui doit être représentatif, c'est-à-dire qu'il représente avec réalisme le phénomène en question, sans considérer strictement la totalité des scénarios qui existent. Par exemple, les sondages d'opinion des Français sont réalisés sur un échantillon de plusieurs milliers de personnes choisies de façon aléatoire dans un ensemble qui traduit avec une certaine confiance les avis des plus de soixante millions d'habitants dans notre pays. Le choix des sources de données (où et quand ces données sont collectées) et de leur nature (ce qu'elles sont comme des résultats de matchs, des constantes physiologiques de joueurs ou encore des actions sur le terrain comme le nombre de plaquages et essais transformés) peut influencer le résultat obtenu.

Les données sont collectées manuellement ou automatiquement. On peut par exemple demander à une personne de répondre à une question – comme dans le cas du sondage évoqué dans le paragraphe précédent –, ou observer un phénomène pour en extraire de l'information pertinente. C'est le cas d'un coach de rugby qui noterait dans un tableau pour chaque joueur le nombre de passes réussies *versus* celles ratées, le nombre de plaquages, le nombre de pointes de vitesse ou encore le temps passé avec le ballon. Même si beaucoup de données sont encore collectées manuellement, les moyens informatiques d'aujourd'hui nous permettent d'obtenir des data de manière automatique. À l'aide d'objets connectés reliés à un système informatique qui peut accueillir et traiter les informations en temps réel. On peut donner l'exemple des caméras sur une chaîne de triage de fruits et légumes, pour détecter les tailles de tomates, ou d'un capteur de température dit « intelligent », qui enregistre dans une maison les températures choisies par les membres du foyer, selon le moment de la journée et le jour de la semaine, et qui va en retour analyser ces informations pour modifier le chauffage avant même que la famille ne le décide.

Ces données une fois collectées sont ensuite nettoyées, en supprimant les informations qui ne sont pas pertinentes pour le sujet en question, voire des données entières qui seraient fausses. Prenons le cas d'un sportif dont on mesure chaque jour le poids, l'alimentation par type d'aliments et les exercices d'endurance. Il arrive que la collecte du poids ne se passe pas correctement – valeur invalide, telles une valeur négative ou une valeur impossible (le poids équivalent à celui d'une baleine bleue de cent soixante-dix tonnes par exemple). Dans ce cas, on enlèvera bien sûr cette valeur et on fera éventuellement une moyenne entre le poids du jour d'avant et celui du jour d'après pour pouvoir tout de même avoir une valeur à ce jour précis. Concernant l'alimentation, on peut éliminer les aliments non déterminants à l'égard du phénomène étudié, comme l'eau gazeuse ou la salade verte dans le cas d'un régime hyperprotéiné.

Ces données sont ensuite annotées, ce qui revient à fournir des valeurs à chaque champ de metadata de la donnée structurée. Ces data sont enfin labellisées. La labellisation consiste à associer à chaque point de donnée une valeur qui représente la réponse à la question posée ou la solution du problème. Par exemple, on peut collecter les points de données que sont les matchs de rugby afin d'anticiper sur les chances de gagner ou les risques de perdre un match en fonction des valeurs de l'ensemble des metadata.

On peut imaginer construire un algorithme destiné à détecter les signaux représentatifs d'un match gagné ou perdu à travers l'annotation de matchs – le match étant ici un point de donnée – selon l'équipe adverse, le nombre de passes, de ballons au pied, de zones du terrain occupées et tant d'autres choses. Pour cela, l'algorithme est entraîné sur un grand nombre de matchs dont on a annoté toutes les metadata et dont on a labellisé le résultat qu'on souhaite évaluer pour un nouveau match dans le futur dont on collecte des données en temps réel – c'est-à-dire pendant le match lui-même : la victoire, l'échec ou l'égalité du match en question. Cette étape d'annotation et de labellisation de la data est une phase sensible. Tout d'abord, elle peut prendre énormément de temps, car elle nécessite un nombre parfois pantagruélique de points de données à collecter, et elle demande un temps d'analyse et de décisions bien souvent réalisées entièrement à la main. Parfois elle nécessite l'implication de spécialistes scientifiques et techniques aux qualifications très demandées ou très chères. C'est le cas de l'annotation d'images vidéo de quasiment tous les sports, somme toute complexes à observer, car seuls de vrais experts de la discipline peuvent annoter l'information. Il faut une grande connaissance, mais surtout des années d'expérience, pour maîtriser un domaine dans sa granularité la plus fine. Enfin, cette étape d'annotation et de labellisation influence profondément les analyses statistiques ou les résultats algorithmiques. Une annotation approximative, voire faussée, peut mener à une analyse bancale ou à un algorithme faux.

Des erreurs et des approximations parfois provenant de nos propres perceptions du monde, du sport et des individus infusent dans le choix des sources de collecte, de la manière de les nettoyer et dans celle de les annoter. On parle alors de « biais ». Pour comprendre la construction de ces biais et leur transfert vers les outils statistiques et les modèles algorithmiques qui sont créés, j'encourage le lecteur à dévorer les livres *Algorithmes. La bombe à retardement*, de Cathy O'Neil, *Contre-atlas de l'intelligence artificielle*, de Kate Crawford, et bien évidemment celui d'Aurélie, *De l'autre côté de la Machine. Voyage d'une scientifique aux pays des algorithmes*[1]. Bien répondre à une question, c'est avant tout bien la formuler, et le choix des données fait partie de cette phase de conception. Nous, directeurs sportifs, coachs, joueurs, scientifiques et ingénieurs, devons travailler main dans la main, nous écouter et nous expliquer les concepts scientifiques et sportifs. Cela commence par cerner l'ensemble des données pouvant être collectées dans le sport.

Les data collectées dans le sport

Même si nous collectons des données sportives depuis plus d'un siècle, les progrès techniques et scientifiques ont permis de faire un bond de géant dans les années 2000. Tout d'abord, il y a eu la révolution des objets connectés évoqués précédemment, au sein des systèmes IoT (pour *Internet of things*). Ces objets parfois minuscules, pouvant être portés par un individu sans que cela interfère avec sa vie quotidienne, permettent d'obtenir des informations sur son activité physique, ses habitudes de trajets, ou ses constantes physiologiques comme sa fréquence cardiaque et sa température. Beaucoup d'entre nous portent aujourd'hui un bracelet voire une montre connectée qui enregistre notre activité

1. Cathy O'Neil, *Algorithmes. La bombe à retardement*, Les Arènes, 2018 ; Kate Crawford, *Contre-atlas de l'intelligence artificielle*, Zulma, 2022 ; Aurélie Jean, *De l'autre côté de la Machine. Voyage d'une scientifique aux pays des algorithmes*, L'Observatoire, 2019.

au cours du temps, même en dormant. Votre téléphone portable est en soi un objet connecté, car il vous accompagne partout où vous allez tout en enregistrant des informations comme votre nombre de pas par jour, les chemins parcourus ou encore le temps cumulé passé sur vos applications. Ces objets sont de plus en plus petits et de plus en plus puissants grâce aux évolutions remarquables dans la miniaturisation électronique et dans l'augmentation des capacités des ordinateurs à traiter un grand nombre de données sur des temps records. À l'augmentation de la puissance des ordinateurs, on peut ajouter la hausse croissante des capacités de stockage de ces informations sur des serveurs de plus en plus sûrs. La cybersécurité implique autant le risque de perte et de fuite de données que celui de piratage. Pour résumer, le développement croissant de ces objets connectés a été impulsé et entretenu par la démocratisation d'Internet, l'émergence du *cloud*, qui correspond au transport massif des données *via* Internet et à son stockage, ainsi que par la construction de capteurs et de technologies toujours plus petites et donc plus mobiles. Il est important de comprendre ces évolutions technologiques, car elles ont permis dans le sport comme dans toutes les autres disciplines de donner du sens à de l'information qu'on pensait jusqu'ici inaccessible ou inexistante. Le champ des données s'élargit ainsi d'un coup, autant que les usages qui vont avec.

Quand on songe à la data dans le sport, l'écrasante majorité d'entre nous pense aux matchs et aux compétitions gagnés *versus* les compétitions perdues. En réalité, les données dans le sport sont beaucoup plus larges et on peut les classer de différentes manières. On peut distinguer les données sur le terrain pendant un match de celles sur le terrain, mais lors des entraînements. On peut aussi isoler les data des joueurs individuellement de celles de l'équipe collectivement. Certains, comme le professeur américain de sciences de la décision Wayne L. Winston dans son livre *Mathletics*[1], classent également ces données en faisant la différence entre les data « internes » qui représentent l'ensemble des informations physiologiques d'un sportif (température, fréquence cardiaque, taux d'oxygène...) et les data « externes » au sportif, comme les charges qu'il perçoit de l'extérieur (les chocs avec d'autres joueurs ou la force qui agit sur ses jambes due à des sauts fréquents, par exemple). Catégoriser ces données permet de construire une stratégie de collecte pertinente pour l'objectif qu'on se donne. On cherchera par exemple à collecter des données internes et externes à l'échelle du sportif uniquement en compétition et en entraînement si on souhaite évaluer ses risques de blessure.

En 2023, année de parution de ce livre, les joueurs de rugby portent des capteurs GPS dans leur brassière, sous le maillot ou dans la poche,

1. Wayne L. Winston, *Mathletics. How Gamblers, Managers, and Sports Enthusiasts Use Mathematics in Baseball, Basketball, and Football*, Princeton University Press, 2009.

pour mesurer les distances parcourues ainsi que les vitesses et les accélérations. Depuis les années 2000, ces capteurs sont portés par tous les joueurs à tous les entraînements et à tous les matchs de compétition. Les joueurs portent également des cardiofréquencemètres en bas du torse à même la peau, ce qui permet de relier la fréquence cardiaque aux actions sur le terrain. Par exemple, cela permet d'identifier à quels moments du jeu le sportif atteint 80 % de sa fréquence maximale, ce qui permet d'adapter les exercices d'entraînement. On collecte aussi des données en interrogeant le joueur sur son ressenti de difficulté à l'égard d'un exercice. On utilise le RPE, dont nous avons déjà parlé, qui se traduit par la mesure de perception de l'effort sur l'échelle de Borg, qui va de 6 (simple sans aucune difficulté) à 20 (souffrance maximale). Le même principe s'applique sur le niveau de bien-être du sportif comme la qualité de son sommeil ou son niveau d'énergie générale.

Il existe une infinité de données qu'on peut collecter sur les joueurs, l'équipe voire le coach ou l'ensemble des clubs d'une saison en comparaison aux saisons antérieures. Au risque de me répéter, le choix de ces données est critique dans la stratégie analytique ou algorithmique qu'on souhaite construire pour améliorer la condition des joueurs et de l'équipe dans l'objectif de « performer » jusqu'à augmenter les chances de gagner. Mais il y a un point important que nous n'avons pas encore évoqué : l'influence de la mesure sur le résultat. Ce phénomène a même un nom : le « paradoxe de la mesure ». Ce paradoxe est l'un des concepts en physique quantique mis en évidence dans l'expérience de pensée du chat de Schrödinger. Erwin Schrödinger était un scientifique et philosophe autrichien, spécialiste de physique quantique, qui a obtenu le prix Nobel de physique en 1933 pour ses travaux sur l'écriture d'une équation – qui porte son nom aujourd'hui – de l'état d'une particule élémentaire à l'échelle atomistique. Il a construit une expérience de pensée dont le nom continue à marquer la culture pop. Laissez-moi vous la raconter dans les grandes lignes. Tout d'abord, une expérience de pensée est une expérience entièrement imaginaire, qui est réalisée dans le but de répondre à une question, de mettre en évidence une contradiction voire un paradoxe. Dans l'expérience de pensée de Schrödinger, un chat est enfermé dans une boîte opaque dans laquelle se trouve un dispositif pouvant tuer l'animal. Ce dispositif peut ou non se déclencher[1], mais puisque la boîte n'est pas transparente, il est impossible de savoir s'il s'est activé, et donc si le chat est mort ou vivant. Le seul moyen de le savoir est d'ouvrir la boîte. Mais une question se pose ici : comment savoir si le fait d'ouvrir la boîte n'induit pas la mort du chat ? Le cas échéant, la mesure serait faussée, car le chat était bien vivant au moment de l'expérience, avant que soit réalisée la collecte de l'information sur son

1. L'histoire est ici simplifiée. Je n'évoque pas le composant radioactif présent dans la boîte et dont l'état quantique induit la mort ou la vie de l'animal.

état. Voici le paradoxe de la mesure : on doit se demander si le fait de mesurer un phénomène ne va pas interférer avec le phénomène qu'on souhaite mesurer. Ce qui n'est pas sans rappeler l'interprétation de Copenhague[1], qui est un courant de pensée qui souligne l'effet de la technique de mesure sur l'objet (ici le chat) sur lequel elle est réalisée. Entre cette histoire de chats et le sport, il n'y a qu'un pas. On a bien compris que les objets connectés étaient suffisamment petits pour ne pas perturber le sportif et donc ne pas le déranger dans sa performance. On a également compris que les autres technologies utilisées comme des systèmes de caméras avec des algorithmes d'identification sur images sont également assez discrètes et ne préoccupaient pas les joueurs sur le terrain. Enfin, les questions posées au sportif et auxquelles il répond manuellement sont telles que les induits sociaux et émotionnels sont minimisés au moment de fournir des réponses. La réponse n'est pas influencée par la manière dont la question est posée. Mais alors, où se situe le paradoxe de la mesure dans tout cet amas de data collectées ? Chez les joueurs eux-mêmes ! Imaginez une équipe d'entraînement dont on mesure pour chacun les pics de vitesse pendant la session. Il y a un tableau avec les pics de chaque sportif. Plus on va vite, mieux on est rangé dans le classement de l'équipe. Les rugbymen sont des êtres humains comme les autres avec leur ego et leur personnalité. Ajoutez à l'équation leur esprit de compétition, et

1. Aussi appelée « école de Copenhague ».

le résultat se déforme au cours du temps. Un joueur peut se mettre à réaliser des pics de vitesse à des moments du jeu qui ne le requièrent pas, mais qui vont lui permettre de monter dans le classement. Un joueur, comme tout être humain, va adapter son comportement – même sensiblement – pour atteindre plus facilement l'objectif visé. Mon intention ici n'est pas de blâmer les sportifs, mais plutôt de vous faire prendre conscience de l'influence de la collecte sur le jeu de données obtenues. En cela, un effort pédagogique et un travail d'éducation des joueurs sont souvent nécessaires. Ces derniers points d'attention ne sont pas nouveaux, mais la démocratisation de l'approche analytique dans tous les domaines – y compris le sport – les ont davantage mis en évidence et sont aujourd'hui le sujet de nombreuses discussions.

La naissance d'une discipline nouvelle : l'analytique sportive

Le sport et les sciences ont d'une certaine manière toujours été interconnectés puisqu'on a toujours essayé de comprendre le fonctionnement du corps humain par la méthode scientifique, dans le but de l'améliorer. La méthode scientifique est aussi ancienne que la discipline qui l'a fait naître, la science. Conceptualisée en premier par le philosophe de la Grèce antique Aristote, au IVe siècle avant notre ère, elle évolue avec les périodes historiques dans l'unique objectif de comprendre le monde qui nous entoure en cherchant à l'objectiver. La méthode scientifique s'appuie ainsi sur quatre piliers : l'observation (j'observe un corps en mouvement), l'expérimentation (je fais l'exercice moi-même), l'usage de la théorie (par les principes mécaniques de motricité, par exemple), et le raisonnement (je réfléchis, quitte à renverser un principe théorique). C'est ainsi que l'on a modifié l'analyse du jeu au rugby. Des mesures statistiques réalisées à chaque match montrent que les joueurs qui ont le plus le ballon en main – qui sont en général le demi de mêlée (numéro 9) et le demi d'ouverture (numéro 10) – avaient, sur quatre-vingts minutes de jeu, le ballon entre les mains trois minutes au maximum. Vous avez bien lu, trois minutes seulement ! Un match durant deux fois quarante minutes, les joueurs ne touchent pas le ballon pendant plus de 95 % du temps. Depuis ces chiffres, on a commencé non pas à observer et à analyser le match en suivant le ballon du regard, mais à travailler aussi – et devrais-je dire « au contraire » – les phases de jeu où le ballon n'était pas en la possession du joueur. Ce qui est important statistiquement parlant, ce sont aussi les moments où les joueurs n'ont pas le ballon entre les mains. Si on travaille correctement ces phases, alors le joueur pourra mieux agir quand il aura la balle en sa possession. Je dis souvent que cette manière de voir le rugby n'est pas la même selon qu'on est expert – entraîneur, joueur – ou personne lambda – le supporter, par exemple. En tant qu'ancien directeur sportif du Racing 92 et aujourd'hui entraîneur de l'équipe espoirs, je regarde tout ce qu'il se passe autour du ballon, parfois à des dizaines de mètres, alors que les supporters suivent le ballon des yeux. La data a orienté notre manière de voir le jeu et donc de le comprendre. En France, les sciences du sport ont été institutionnalisées dans les années 1970 avec la création de la formation de professeur d'éducation physique, pour se transformer vingt ans plus tard en une unité universitaire à part entière : la faculté des sciences du sport. Aujourd'hui les sciences dures, comme les mathématiques, la physique ou la chimie, côtoient les sciences dites « molles » comme la sociologie ou la philosophie, au sein des sciences du sport. Ces évolutions institutionnelles ont accompagné et rendu possible l'analytique sportive.

L'analytique sportive (ou *sport analytics* en anglais) est un sous-ensemble des sciences du sport. Le mot « analytique » vient du grec ancien et veut dire « relatif à l'analyse », le terme « analyse » voulant dire dans cette même langue « dé-lier de haut en bas ». Écrit autrement, l'analytique est tout ce qui est relatif à la désarticulation ou la déstructuration d'un sujet, qu'il soit un individu, un phénomène ou une situation, dans l'objectif de le comprendre. Cette désarticulation (ou déstructuration) est réalisée qualitativement, ou quantitativement à travers des mesures, des chiffres et donc des données. Même des informations *a priori* qualitatives, comme l'estimation de la douleur musculaire, sont ramenées à des chiffres afin de pouvoir mieux les exploiter. Comme une douleur définie sur une échelle de 1 (pas mal) à 10 (insupportable). On distingue deux grands groupes d'applications de l'analytique sportive[1] : celles contextualisées lors d'un match ou d'une compétition, et celles en dehors du terrain comme pendant l'entraînement, la préparation physique ou en période de repos. Encore une fois, les données peuvent être collectées individuellement, sur chaque joueur, ou collectivement, sur une équipe. Il ne faut en aucun cas opposer ces deux jeux de données, mais au contraire les faire fonctionner ensemble pour réussir à coordonner ingénieusement les contributions de chaque joueur au sein d'un jeu d'équipe efficace.

Le sport analytique a une histoire assez ancienne, bien avant la création du premier ordinateur pendant la Seconde Guerre mondiale. Il faut revenir encore plusieurs décennies en arrière, au XIXe siècle, exactement du côté des États-Unis. Laissez-moi vous raconter cette histoire passionnante. Nous sommes en 1856 dans la ville de New York. Le journaliste sportif du *New York Times* et spécialiste du jeu de cricket Henry Chadwick propose de documenter la saison de baseball, sport qui vient alors de naître. (Encore aujourd'hui, on appelle Chadwick le « père du baseball ».) Cette année-là, il construit des tableaux de chiffres décrivant quantitativement et dans les moindres détails tous les matchs de baseball de la saison. Son objectif est en apparence simple, il souhaite fournir aux lecteurs du journal une grille de lecture leur permettant de comprendre ce

1. Encore une fois, on ne traite pas ici le cas des paris sportifs.

jeu somme toute encore nouveau. Même si Henry Chadwick a d'une certaine manière posé la première brique de l'analytique sportive, c'est le statisticien Allan Roth qui fit entrer ce sport dans l'ère de la modélisation prédictive à partir de l'analyse statistique de performance des joueurs. Dans les années 1940, Allan Roth fut embauché par Branch Rickey pour travailler à temps plein pour son équipe, les Dodgers, de la ville de Los Angeles. En particulier, Allan Roth développa une équation mathématique capable de mesurer la contribution de chaque joueur des Dodgers sur la réussite ou l'échec de son équipe. Il est souvent cité comme le premier statisticien du baseball. Quelques décennies plus tard, un autre grand nom de l'analytique sportive entra en scène, Bill James. Bill James était un historien du baseball qui travaillait depuis plus de vingt ans pour les Red Sox de Boston – l'équipe préférée d'Aurélie. Il a établi de nombreux concepts sur la réussite d'une équipe *a priori* contre-intuitifs, et ce grâce à la data, en analysant les performances des joueurs tout au long d'une saison et d'une saison à l'autre. En 1971, Bill James a d'ailleurs trouvé le nom pour décrire sa discipline, la sabermétrie – ou SABRmétrie pour Society for American Baseball Research. Ses concepts ont été appliqués pour la première fois à grande échelle dans la construction d'une équipe pour une saison entière, par Billy Beane, le manager des Oakland Athletics (les A's) en Californie. Son nom vous est peut-être familier. Son histoire a fait l'objet de l'excellent film *Moneyball* (en français *Le Stratège*) – tiré du livre du même nom écrit par l'américain Michael Lewis –, réalisé en 2011 par Bennett Miller, dans lequel il est incarné par Brad Pitt. Un autre acteur de l'analytique sportive au baseball, dont les travaux ont également été utilisés par Billy Beane, est Keith Woolner, qui développe le VORPP (pour *value over replacement player*), qui évalue le coût du remplacement d'un joueur, associé à son salaire actuel et à ses performances passées.

Depuis ses origines dans le baseball, l'analytique sportive s'est développée dans quasiment tous les sports, et a profité des progrès technologiques permettant d'automatiser le traitement de quantités importantes de données. Le football, par exemple, utilise la data pour permettre aux joueurs de s'améliorer, et j'ai la chance de connaître l'un des premiers à avoir percé dans le milieu, Nicolas Jover, qui est aujourd'hui coach data (ou analyste sportif) spécialisé en coups de pied arrêtés[1] pour Arsenal.

J'ai rencontré Nicolas à Agde alors que j'avais douze ans et lui quinze. Il était dans la même classe que mon grand frère au lycée, tous deux étaient amis et jouaient ensemble au club de foot de ma ville. En dehors du club et quand mon frère n'était pas disponible, je jouais au foot avec Nicolas pour le plaisir. Une amitié profonde est née, qui nous a amenés en 2001 à nous retrouver à l'université de Montpellier pour poursuivre nos études à la faculté de sport. J'étais en première année et j'habitais en colocation avec celui qui deviendra mon ami proche

1. On dit aussi *Set Pieces coach* en anglais.

et mon coéquipier au sein de l'équipe de France, Dimitri Szarzewski. Nicolas était en troisième année et logeait près de chez nous en résidence universitaire. Si bien que nous passions beaucoup de temps ensemble. Nicolas et Dimitri ont d'ailleurs été mes témoins de mariage, Nicolas et moi-même ceux de Dimitri. Un véritable lien familial s'est créé, mes enfants l'appellent même Tonton. C'est par cette amitié qui dure encore aujourd'hui que j'ai pu suivre l'évolution professionnelle intéressante et fulgurante de Nicolas. C'est au Canada, lors de ses études à l'université de Sherbrooke pour devenir coach sportif, dans les années 2000, que Nicolas découvre la collecte et l'analyse des données dans deux sports universitaires de sa fac, le football et le volleyball. À l'époque, il avait pris l'habitude d'observer ceux qui écrivaient des chiffres, des notes et des schémas dans leurs cahiers en analysant les matchs et les entraînements au bord du terrain. On les appelle des « analystes sportifs » et leur but est de comprendre les clés du succès d'un joueur et d'une équipe. C'est par cette première expérience réjouissante avec la data sportive qu'il décida d'appliquer cette philosophie en France. Il travailla d'abord pour le club de foot de Montpellier pendant une saison, puis intégra l'équipe nationale de la Croatie pendant quelques mois, pour analyser les matchs de la Coupe du monde de 2014 et ainsi préparer les joueurs à la prochaine. C'est durant ces expériences qu'il réalisa qu'un geste était profondément sous-exploité au foot : le coup de pied arrêté – une remise en jeu du ballon au pied à l'arrêt. Ce geste est souvent vu comme le résultat d'une erreur de l'autre équipe, un passage obligé pour, on l'espère, une coordination bien plus intéressante une fois que le ballon est sur le terrain. Mais Nicolas a vu les choses autrement – il les a *analysées* autrement, devrais-je même dire. Par ces collectes d'informations sur des dizaines de matchs, il a réalisé que 40 % des buts qui suivent un coup de pied arrêté sont précédés d'une phase de « désordre » juste après la remise en jeu du ballon. Je mets volontairement le mot « désordre » entre guillemets, car ce n'est en réalité pas du désordre, c'est une succession de mouvements auxquels on n'avait pas encore donné de nom et donc de stratégie. Je préfère parler d'incertitudes. Nicolas a changé cela. Il a mis de l'ordre dans ce désordre en le conceptualisant, ce qui lui a permis de mieux profiter de ces phases de jeu et d'augmenter le pourcentage de buts marqués à la suite d'un coup de pied arrêté. D'une certaine manière, il a maîtrisé ces incertitudes. Après cette expérience réussie à Montpellier, il est parti travailler en Angleterre, trois ans à Brentford puis deux ans à Manchester City, pour finir là où il est au moment où j'écris ces lignes : à Arsenal, en tant que coach analyste sportif spécialisé dans les coups de pied arrêtés, on l'a dit. Au passage, ces trois équipes sont devenues les plus efficaces aux coups de pied arrêtés ! Cet exemple montre à quel point la data, si elle est bien collectée et analysée avec justesse, peut aider le sportif, le rendre meilleur, donner plus de sens à son jeu, et donc permettre de construire des stratégies jusqu'ici inexistantes. Ils sont nombreux aujourd'hui à utiliser l'approche de Nicolas. Mon ami a montré la voie.

Mon expérience avec la collecte et le traitement de la data

Dans ma carrière, j'ai compris pas mal de notions importantes en analytique sportive. L'idée qu'on pouvait mesurer avec précision ses efforts et sa performance au cours du temps. Celle qu'on pouvait utiliser les résultats pour s'améliorer, mais aussi enrichir la prouesse de l'équipe, ou encore construire une écurie de talents compatibles et efficaces ensemble. Dans le passé, j'ai été sujet et acteur de cette collecte de données, aujourd'hui je suis une sorte de metteur en scène à travers mes années en tant que directeur sportif au Racing 92 et aujourd'hui en tant qu'entraîneur.

Au Racing 92, nous avons pu suivre les joueurs et adapter un programme pour leur permettre de guérir de leurs blessures, voire de les éviter. Les blessures – très fréquentes au rugby – sont à suivre avec rigueur pour maximiser la cicatrisation et la récupération physique totale du joueur blessé. Au risque de voir le sportif quitter de force sa carrière, comme ce qui aurait pu m'arriver si je n'avais pas écouté les médecins à la suite de ma blessure au genou. Avant l'utilisation de données, on suivait des protocoles médicaux selon une temporalité imposée incluant le délai incompressible de cicatrisation, de rééducation et de réathlétisation selon le type de blessure et de joueur. Même si le délai de cicatrisation reste le même, la data permet aujourd'hui de personnaliser les temps de rééducation et surtout de réathlétisation en fonction d'informations reçues en temps réel sur les conditions du joueur, que ce soit sa performance ou sa perception.

Aujourd'hui dans la peau d'un entraîneur, je deviens celui qui m'a observé, analysé et a décidé pour moi il y a des années. J'ai des responsabilités et un rôle envers les joueurs dans ma manière d'utiliser ces données. Je peux modifier certaines méthodes pour collecter, analyser et interpréter ces data, voire réaliser un revirement dans la réflexion autour de l'analytique sportive. Par exemple, j'ai revu la manière qu'on avait de parler de plaquage. Traditionnellement, on évoque le plaquage comme l'action du joueur qui met au sol un autre joueur. Dans cette idée, on distingue le plaquage réussi – quand le joueur ciblé se retrouve à terre –, du plaquage raté – quand ce même joueur aura réussi à l'éviter, même difficilement. Au sein de ces plaquages réussis, on distingue le plaquage positif du plaquage négatif. Lors d'un plaquage positif, le joueur qui plaque va avancer dans la collision vers la ligne adverse. Écrit autrement, le joueur qui plaque va basculer avec le joueur plaqué en direction de la ligne adverse. Alors que lors d'un plaquage négatif, le joueur qui plaque va basculer avec son adversaire en direction de sa propre ligne. J'ai revu cette manière de définir le plaquage positif en considérant ce qu'il se passe juste avant la collision. En pratique, je parle de plaquage positif quand le joueur qui plaque a parcouru une distance vers le joueur plaqué avant de le mettre au sol, peu importe la direction de basculement. Car ainsi, le joueur en défense a fait avancer son équipe vers la ligne adverse. Au contraire, si le joueur qui plaque n'a pas fait gagner de terrain et a mis au sol le joueur adverse en subissant la bascule, alors c'est un plaquage négatif. Ce changement de catégorisation encourage mes joueurs à avancer dans le terrain avant de plaquer même si la bascule est à leurs dépens, car ils doivent en priorité faire avancer leur équipe.

L'analytique sportive aujourd'hui et demain

Aujourd'hui, l'analytique sportive est clairement différente de celle historiquement appliquée dans le baseball ou le football américain. Grâce à la technologie et aux progrès scientifiques, on collecte des données inimaginables au XIXᵉ siècle. Initialement écrites et traitées dans des carnets, les données sont ensuite regroupées dans des tableurs sur ordinateur, pour aujourd'hui être collectées au sein de bases de données afin d'être traitées de façon entièrement automatique à l'aide de codes informatiques même simples. Ce qui a permis au passage d'examiner une quantité bien plus importante de données. Aujourd'hui, on est aussi capable de les traiter en temps réel (ou quasi réel) dans le but de soutenir des décisions dans l'immédiat et observer une efficacité dans l'instant. Initialement utilisées au sein de simples calculs statistiques comme la moyenne ou l'écart type, on fait aujourd'hui appel à des mesures statistiques d'ordre supérieur, d'équations mathématiques complexes et d'algorithmes numériques.

On a recours aux algorithmes pour analyser des gestes ou des coordinations de mouvements sur une vidéo de match par exemple, ou pour extraire les signaux pertinents des courbes de performance d'un joueur ou d'une équipe. Au-delà de l'analyse des informations, il reste un champ d'application encore très large des algorithmes dans l'analytique sportive comme la prédiction. Prédire et donc anticiper l'arrivée d'une blessure, la performance d'une équipe, ou encore la stratégie privilégiée des adversaires à la prochaine rencontre fait partie des sujets actuellement explorés. En cela, l'apprentissage automatique – ou *machine learning* en anglais – a la cote dans les travaux de recherche, car il permet de capturer des informations non intuitives et difficilement détectables par des calculs statistiques ou mathématiques. Il est déjà utilisé en pratique pour faire ce qu'on nomme du *clustering*, qui consiste à classer des points de données, comme des joueurs d'une équipe, selon une similarité statistique dans leur metadata comme leur comportement sur le terrain. Ce qui permet ensuite de voir à quelle classe – ou catégorie – un nouveau joueur appartient afin de mieux le comprendre et donc d'exploiter ses talents. Imaginons classer les joueurs – encore une fois automatiquement par un algorithme d'apprentissage machine – selon leurs gestes sur le terrain lors de matchs. On a un nouveau joueur que l'on projette dans cette catégorisation pour connaître sa classe. On remarque que, dans cette classe, plus de 70 % des joueurs ont eu une blessure spécifique dans les six derniers mois de la saison, ce qui devient une alerte pour ce nouveau joueur, dont les risques de subir la même chose sont grands. On explore aussi l'utilisation des algorithmes d'apprentissage machine sur réseaux neuronaux[1], qui possèdent un niveau d'abstraction bien plus grand permettant à l'algorithme de résoudre des problèmes que l'on pensait jusqu'ici insolubles. Un nombre important de projets de recherche tournent autour de ce domaine.

Beaucoup de laboratoires en analytique sportive existent un peu partout aux États-Unis. En France, nous avons aussi des équipes de recherche qui se penchent sur le sujet de la data et du sport. Jérémy Cheradame, que j'ai la chance de connaître *via* la Fédération française de rugby, est le responsable de la cellule data de la fédération. Ingénieur statisticien de formation, Jérémy est en train de finir sa thèse de doctorat en sciences du sport, en analytique, à l'université de Grenoble. Depuis 2021, il a intégré le staff de l'équipe de France pour venir

1. Je conseille au lecteur le chapitre 20 du livre *Quand la Machine apprend*, publié chez Odile Jacob en 2019, du scientifique et professeur Yann Le Cun, sur l'introduction à l'apprentissage machine sur réseaux neuronaux.

aider l'entraîneur principal et l'ensemble du staff. Ce *data scientist* soutient les entraîneurs sportifs dans leurs décisions, les éclairant par la donnée. Il manipule la donnée, il conçoit et fait tourner des modèles, et il comprend les résultats récents et les dernières innovations provenant de la recherche et du développement, à la différence de Nicolas Jover, qui est quant à lui analyste sportif, c'est-à-dire qu'il comprend la donnée et les statistiques, sait les interpréter, mais n'a pas été formé strictement à la science de la data ou à l'algorithmique. Ces deux métiers – *data scientist* et analyste sportif – sont à distinguer, car leur rôle et leur degré de liberté au sein d'une équipe sont différents. Par exemple, alors que Nicolas échange de manière continue et en direct avec les joueurs d'Arsenal, Jérémy ne parle qu'aux entraîneurs de l'équipe de France. Gardez bien cette nuance à l'esprit pour la suite de la lecture.

Même si en France nous avons des chercheurs comme Jérémy, cela reste incomparable à la masse de chercheurs, de professeurs et de thésards aux États-Unis. On peut expliquer cela par le fait que le sport universitaire de l'autre côté de l'Atlantique est une institution, un enjeu réputationnel et économique fort pour les universités. Ces équipes universitaires importantes, à l'activité intense, sont le meilleur terrain de jeu[1] à portée de main pour les chercheurs de ces laboratoires qui souhaitent

1. Si vous me permettez le jeu de mots.

collecter de la data. En France, force est d'observer que le sport n'est pas autant valorisé dans le système éducatif, mais c'est un tout autre sujet.

Dans le futur, on développera et on utilisera des modèles algorithmiques de plus en plus sophistiqués, avec de nouvelles méthodes d'apprentissage algorithmique, de nouvelles manières de collecter et de traiter des données. L'analytique sportive bénéficiera forcément de toutes les innovations à venir dans le monde numérique. Il y a aussi une accélération remarquable de toutes ces évolutions qui imposent au monde sportif de s'adapter et de se former en continu. Nicolas Jover passe un temps significatif à parler aux joueurs d'Arsenal, à leur expliquer les tenants et les aboutissants de la démarche analytique pour les aider à mieux performer. Quand j'étais directeur sportif du Racing 92, j'ai dû former les joueurs à ne pas tendre vers des considérations individuelles uniquement, mais à toujours privilégier l'équipe, ce qui n'était pas intuitif, car nous passions notre temps à collecter des informations sur eux individuellement ! Il faut alors éduquer les joueurs sur l'idée que leur data personnelle est toujours au service du collectif et non à leur bénéfice individuel uniquement, au risque de leur faire perdre l'esprit d'équipe, qui pourtant leur permet de ne faire qu'un sur le terrain. Seul un accompagnement pédagogique de qualité peut empêcher cette dérive.

Malgré un usage toujours plus grand de la donnée dans le sport, il faudra se protéger des usages malveillants, aveugles, voire naïfs, de ces informations. Dans le sport comme dans toutes les industries, les data sont source de progrès, d'une meilleure connaissance des applications, du métier en général. Cela étant dit, et comme Aurélie le répète souvent, il ne faut pas voir dans la donnée un moyen de remplacer le processus décisionnel, mais au contraire un levier puissant pour aider la décision. J'ai toujours pensé que c'était encore plus le cas dans le sport, et dans le rugby dans lequel je baigne. Rappelez-vous, nous avons un instinct, une intelligence émotionnelle, un bon sens, qui oriente nos actions et nos jugements. Cet instinct peut être davantage exploité s'il est soutenu, alimenté par des informations clés embarquées dans les données et leur analyse. Je reste persuadé que sans *flair* nous n'aurions jamais gagné en 2014 contre les Anglais. L'instinct est notre coéquipier et la data est une alliée et non un remplaçant qui attendrait au bord du terrain. Nicolas l'affirme lui-même : il veut par son analyse des data donner plus de liberté aux joueurs d'Arsenal, leur permettre d'adopter de meilleures décisions et leur faire prendre des risques. Les joueurs l'ont compris et font confiance à Nicolas, qui les oblige et les éduque à ne jamais voir dans la donnée un joueur de substitution. En y réfléchissant bien, les supporters n'aimeraient pas cela non plus. Nous verrons dans un prochain chapitre comment la data peut être au service du *flair*.

Dans le futur, il faudra aussi réussir à rendre la discipline plus inclusive comme l'encouragent des études similaires à celle conduite par une équipe de chercheurs de Toronto en 2022[1]. L'analytique sportive est une discipline à dominance masculine, car elle est la combinaison de deux champs massivement masculins que sont la gestion du sport et l'analytique. Le sport a toujours été discriminant envers les femmes ; de nombreuses études démontrent les disparités entre les hommes et les femmes dans un même sport, tant sur les salaires que sur les évolutions de carrière ou la présence médiatique. Les sommes également engagées dans les clubs de rugby féminin sont incomparables à celles dans leurs homologues masculins. Quand on sait que pour collecter, traiter et interpréter de la data il faut de l'argent, on comprend le fossé qui peut exister entre les pratiques du sport masculin et féminin à l'ère de l'analytique sportive. Les femmes subissent alors une sorte de triple peine, car elles sont minoritaires en analytique sportive, elles sont sous-estimées dans le sport et leurs clubs ont des moyens bien moins importants. De plus, on peut imaginer que les outils développés, les métriques retenues ou encore les sources de collectes aient été pensés principalement – voire uniquement – pour les hommes et transposés dans le sport féminin sans s'interroger sur leur applicabilité chez les femmes. Thomas Darracq, entraîneur et sélectionneur de l'équipe de France féminine de rugby au moment

1. Craig Fernandes, Jason D. Vescovi, Richard Norman, Cheri L. Bradish, Nathan Taback et Timothy C. Y. Chan, « *Equity, diversity, and inclusion in sports analytics* », 2022, disponible sur arXiv, de l'université Cornell.

où j'écris ces lignes[1], me confirme que des éléments sont pris en considération comme les cycles menstruels, qui ont une influence sur la performance des joueuses. Il y a sûrement d'autres différenciateurs à aller étudier, et il faut y prêter une attention particulière. Je me souviens de l'exemple qu'Aurélie avait découvert par des chercheurs de l'hôpital universitaire de Montréal sur les symptômes chez les sujets atteints d'une crise cardiaque. Pendant longtemps, les symptômes étudiés sur les hommes uniquement avaient été calqués – sans réfléchir plus loin – pour les femmes. Mais depuis plusieurs années, on a pris conscience que les symptômes chez les femmes expérimentant une crise cardiaque étaient différents, avec entre autres des douleurs à la mâchoire qui n'existent pas chez le sujet masculin. Vous sentez le risque pointer son nez ? Les crises cardiaques étaient alors plus difficilement diagnostiquables chez les femmes. Dès qu'un champ d'application présente une dominance dans la représentativité d'une catégorie de la population, il faut s'interroger des effets de cette dominance sur le dimensionnement des outils et des méthodes. C'est pourquoi diversifier le monde de l'analytique sportive contribuera fortement à construire des outils inclusifs pour tous.

La data a des pouvoirs encore méconnus à explorer au regard de sa jeune existence et de son application

1. Thomas Darracq n'est plus entraîneur et sélectionneur de l'équipe de France féminine de rugby en août 2023, à la sortie de cet ouvrage.

récente dans le sport. Nous ne sommes qu'au début d'une aventure humaine augmentée par la puissance de la donnée. Mais il faut avancer avec prudence et intelligence pour éviter de tomber dans une sorte de datafication du sport.

3

Les limites de la datafication du sport

Dans le sport, la data nous informe, nous éclaire et nous oriente pour tendre vers un meilleur jeu, une composition d'équipe pertinente, et de meilleures performances, tout en minimisant les risques de se blesser ou de se fatiguer inutilement. Cela étant dit, l'univers de la data n'est pas sans défaut, et prendre conscience de ses limites est un moyen d'éviter les risques qui l'accompagnent. Que ce soit l'homogénéisation du jeu, l'impossibilité de détecter des talents qui sortiraient de la référence analytique imposée, la perte de spontanéité ou encore la disparition de l'instinct et de l'intuition. Les menaces sont nombreuses, mais pas impossibles à contourner. Encore faut-il comprendre les tenants et les aboutissants de l'usage de la data en général et dans le sport en particulier, et ainsi capturer les dangers de ce qu'on nomme la « datafication aveugle du sport ».

Les obstacles et les menaces intrinsèques à la data appliqués au sport

Pas besoin du sport – et encore moins du rugby – pour souligner les dérives d'un usage non réfléchi voire aveugle des données. On ne compte plus les applications dans lesquelles la data, initialement collectée pour aider, a fini par déformer les objectifs jusque dans certains cas obtenir le contraire du but recherché. On pense à l'algorithme test de sélection de CV de la société Amazon en 2018, qui avait été entraîné sur un jeu de données collectées sans aucun recul et qui a amené l'outil, finalement biaisé, à rejeter systématiquement les candidatures féminines pour un poste de développeur en informatique : le jeu de données d'entraînement composé des embauches du passé était constitué massivement de profils masculins. On pense aussi aux premiers outils de reconnaissance faciale qui étaient dans l'impossibilité de reconnaître un visage de couleur, car les données utilisées pour construire l'algorithme étaient composées dans l'écrasante majorité – peut-être uniquement – de photos d'individus à la peau blanche. Les exemples sont trop nombreux pour espérer en faire une liste exhaustive, mais je conseille au lecteur de consulter les exemples présentés dans les livres de Kate Crawford et de Cathy O'Neil[1].

1. Kate Crawford, *Contre-atlas de l'intelligence artificielle*, *op. cit.* ; Cathy O'Neil, *Algorithmes. La bombe à retardement*, *op. cit.*

Ces cas pratiques ont tous en commun la collecte biaisée de données que l'on pensait représentatives de la réalité qu'on souhaitait simuler, prédire ou comprendre. Quels que soient le domaine d'application et l'industrie, il est important – pour ne pas dire critique – de porter une attention particulière à la qualité du jeu de données collecté. Cela passe par des échanges en continu et dès le début du projet avec les collaborateurs du métier en question. Aurélie répète souvent qu'elle n'aurait jamais pu construire des modèles pour résoudre des problématiques médicales sans médecins : « Eux seuls connaissent leur métier, je ne suis que celle qui traduit algorithmiquement leur vision. » Je crois en cette approche, et c'est dans cette idée que je me forme à la data à la hauteur de mes moyens pour maîtriser un langage commun avec ces hommes et ces femmes qui imaginent les concepts et développent les outils que j'utilise au quotidien.

Utiliser les données sans esprit critique fait également prendre le risque de tomber dans une dérive clairement identifiée et largement documentée des deux côtés de l'Atlantique qu'est l'effet bulle. Laissez-moi vous expliquer ce phénomène en m'appuyant sur un cas pratique : un réseau social comme Twitter. Quand vous utilisez Twitter, vos données comportementales sont collectées au fur et à mesure de vos actions et de votre temps passé sur la plateforme. Vous, utilisateur, êtes un point de donnée (rappelez-vous, comme le joueur de rugby dans notre chapitre précédent) auquel est rattaché un ensemble de metadata comme votre localisation, le nombre et le profil des gens qui vous suivent et de ceux que vous suivez, le type de contenus que vous aimez et partagez, ou encore le sentiment (positif, négatif ou neutre, par exemple) de vos propres contenus sémantiques. D'un jeu de données suffisamment grand, on peut entraîner un algorithme de catégorisation – ou *clustering*, comme nous l'avons déjà vu – qui va construire des classes d'utilisateurs « types » en fonction de similarités dans leur comportement sur Twitter. Ce *clustering* est ensuite utilisé pour vous suggérer du contenu que d'autres personnes de votre classe ont aimé avec l'idée, en retour, qu'ils vous plaisent. Sur papier et en théorie, l'idée est simple. Aurélie m'apprend qu'elle utilise régulièrement ces algorithmes de *clustering*, qu'elle apprécie car ils sont simples à expliquer et permettent de résoudre des problèmes à un niveau d'abstraction élevé. Mais elle me confie également, ce que je découvre grâce à elle, que ces algorithmes, s'ils sont mal développés, mal testés et mal utilisés, peuvent générer un effet bulle. Les utilisateurs peuvent être enfermés dans une sorte de bulle d'opinion et d'observation du monde, car ils ne voient que ce que les utilisateurs comme eux voient, aiment et partagent. C'est ainsi qu'on développe une vision déformée voire biaisée du monde qui nous entoure et de notre société. C'est ainsi que les *fake news* et les théories du complot en tout genre se propagent plus rapidement sur ces réseaux à effets bulles, où nos biais de confirmation nous trompent. C'est comme taper dans un moteur de recherche « Est-ce que la Terre est plate ? », et trouver dans les premières réponses des sites vous expliquant pourquoi la Terre est plate, ce qui vous confirme dans votre erreur. Initialement théorisé par le scientifique américain Eli Pariser dans son livre *The Filter Bubble : What the Internet Is Hiding from You*[1], ce concept est appliqué à de nombreux sujets tels que l'économie de l'attention par des auteurs comme le Français Bruno Patino dans *La Civilisation du poisson rouge. Petit traité sur le marché de l'attention*[2], ou l'Américain Tristan Harris[3] dans un article de la *MIT Technology Review*.

Au risque de vous surprendre, cet effet bulle a toujours existé dans l'histoire de l'humanité. Il y a la bulle de notre famille, de notre quartier, puis de notre école, de notre université, de nos amis, ou encore de notre classe socioprofessionnelle, qui fait que nous nous retrouvons bien souvent avec des gens qui nous ressemblent, avec la même sensibilité intellectuelle, politique ou émotionnelle. Nous voyons les êtres et les choses à travers notre propre prisme, dû entre autres à notre bulle de vie qui induit en partie la construction de nos biais cognitifs. Mais l'effet bulle sur les réseaux sociaux est plus néfaste, car il est davantage pervasif (il diffuse à travers toutes les parties du système d'information), invisible et agit beaucoup plus rapidement sur un nombre d'individus gigantesque qui

1. Penguin Press, 2011.
2. Grasset, 2019.
3. Tristan Harris, « *Big Tech's attention economy can be reformed. Here's how* », *MIT Technology Review*, 2021.

dépasse le nombre d'acteurs dans la bulle sociétale traditionnelle. En collectant des informations sur les joueurs de rugby et en les hiérarchisant à l'aide d'algorithmes, on peut de la même manière créer des bulles de joueurs qui enferment l'entraîneur ou le directeur sportif dans une analyse biaisée de leurs capacités et de leur profil. Nous verrons un peu plus loin dans ce chapitre que l'un des risques pratiques est l'impossibilité de détecter des talents qui sortent du schéma analytique des caractéristiques du joueur à haut potentiel sportif. Mais il n'y a pas de fatalité. Et c'est au cours d'une conversation avec Aurélie qu'elle me confirme que l'effet bulle peut être évité en conduisant des tests de manière régulière sur les algorithmes pour détecter ce qu'elle nomme un « signal faible », ou une « prémisse », de cet effet. Et ainsi agir en conséquence pour l'empêcher de s'installer. Ce qui me fait prendre conscience de l'importance de nous former, nous les joueurs, entraîneurs, analystes ou directeurs sportifs à comprendre un peu plus en profondeur les dessous de ces outils et d'exercer notre esprit critique pour rester éclairés et non éblouis par ces données et ces algorithmes.

Une notion que nous avons évoquée dans le chapitre précédent et qui fait partie des obstacles intrinsèques à la data est le fameux paradoxe de la mesure. La manière et la méthode retenue pour collecter ces données peuvent fortement influencer les valeurs des data elles-mêmes. Dans le sport et dans le rugby, nous sommes nombreux à observer les effets de ces mesures en temps quasi réel sur le comportement des joueurs. Les capteurs et les caméras sont suffisamment discrets pour ne pas interférer avec les efforts du joueur, ne pas le déranger dans son action. En revanche, il sait qu'il est observé, mesuré, quantifié. En retour, certains joueurs agissent pour augmenter leurs « mesures » sans aucune valeur ajoutée pour leur jeu et leur équipe. Comme les rugbymen durant un match qui, au coup de sifflet annonçant la mi-temps, font un dernier sprint pour rejoindre les vestiaires, afin d'augmenter leur pic d'accélération et de vitesse. Depuis quelques années, on mesure ce qu'on nomme le *ball in play* ou « ballon en jeu » en français, qui comme son nom l'indique correspond aux mesures uniquement considérées quand le ballon est en jeu. Mais il y a encore des comportements que les sportifs orientent dans leur jeu par le simple fait de savoir qu'ils sont « mesurés » et comparés aux autres.

Toujours dans la mesure d'une information, il existe un risque lié à la méthode utilisée pour collecter la donnée. Cela inclut l'outil de mesure, le type de test, ou encore la manière de traiter le résultat. On peut parler de « cohérence » de la mesure. En théorie, nous devrions obtenir les mêmes valeurs, peu importe la technologie utilisée. Si je prends ma température avec dix thermomètres de marque différente et pour certains d'entre eux un protocole différent (un thermomètre en dessous de la langue et un thermomètre frontal, par exemple), je dois obtenir le même nombre à une erreur près. Et pourtant, dans le sport, on remarque parfois des variantes dans les résultats. Je me souviens de mes scores de VMA (encore elle !) selon trois tests d'endurance différents, et qui correspondent à la vitesse maximale que je pouvais atteindre en endurance. J'obtenais respectivement pour ces trois tests les valeurs de 15,5, 16,5 et 18 kilomètres-heure. Soit un écart de plus de 16 % entre la vitesse la plus basse et la vitesse la plus haute, ce qui reste significatif d'un point de vue statistique. Alors qu'avec 15,5 kilomètres-heure je suis en dessous de l'acceptabilité selon les standards des sélections au rugby, je suis reconnu comme bon avec la vitesse de 18 kilomètres-heure. Vous comprenez alors le risque de favoriser sans recul un test ou une méthode. Et donc l'importance de diversifier les techniques de collecte pour s'extraire de cette possible incohérence.

Parmi les menaces intrinsèques à la data, existe aussi cette confusion qui règne entre les notions de causalité et de corrélation qui peut fausser une analyse et donc déformer la décision qui en découle. La corrélation entre deux événements exprime le fait que ces deux phénomènes évoluent de manière identique sur une même échelle de temps. La causalité, quant à elle, exprime la relation d'action d'un phénomène sur l'autre. Par exemple, depuis 1999, le nombre de décès par noyade dans une piscine aux États-Unis évolue strictement de la même manière que le nombre de films dans lesquels l'acteur Nicolas Cage apparaît. Et pourtant ces deux phénomènes n'ont aucun lien de causalité, c'est-à-dire que l'un ne cause pas l'autre, ou l'un n'est pas la conséquence de l'autre, même partielle. Cet exemple tiré par les cheveux, je l'ai extrait d'un site internet très populaire – et je dois l'avouer, très drôle –, Spurious Correlations de l'Américain Tyler Vigen, qui liste un grand nombre de phénomènes dits « corrélés », mais qui n'ont aucun lien de causalité[1]. Ce trouble entre la causalité et la corrélation est la source de nombreuses analyses bancales, voire faussées, elle est aussi une arme de manipulation des opinions. Il est fréquent de voir un politicien mettre en avant une corrélation comme démonstration ultime d'une relation de causalité jusqu'à voir ses adversaires – qui pratiquent pourtant les mêmes méthodes – affirmer que ce politicien « manipule les chiffres ». Dans le sport, comme dans toutes les disciplines où la data est un levier d'action, assimiler trop facilement toute corrélation observée à une causalité évidente menace le sport, les joueurs et l'esprit d'équipe.

Il existe aussi des situations ambiguës sur la relation de causalité d'une corrélation constatée. En statistiques on parle de « facteur de confusion » pour exprimer un cas où une corrélation s'explique par une causalité différente – même légèrement – de celle *a priori* observée. Écrit autrement, la causalité n'est pas fausse, mais elle n'est pas entièrement correcte non plus, d'où la confusion dans son interprétation. Par exemple, on a noté que durant un match, le nombre de fois où les joueurs franchissent la défense est corrélé au score du match. En effet, en franchissant plus souvent et donc plus facilement la ligne de défense, une équipe domine son adversaire, ce qui explique en partie sa victoire. Cela

1. https://www.tylervigen.com/spurious-correlations.

étant dit, ce n'est pas le nombre de franchissements *stricto sensu* qui en est la cause. C'est l'ensemble des phénomènes qui entourent, qui nourrissent ou qui justifient les franchissements qui en sont les facteurs de causalité. Comme les coordinations entre les joueurs, les passes ou encore les lancers de ballon au pied. On a également remarqué qu'au cours d'un match plus le nombre de *rucks*[1] rapides (moins de 2,5 secondes) chez une équipe est élevé, plus elle a de probabilités de remporter la victoire[2]. Mais cette corrélation induit une confusion sur les causes au sein des *rucks*, et en particulier du type de *rucks*. En effet, alors que les *rucks* dans la zone où l'on doit marquer doivent être rapides, ceux dans sa propre zone du terrain doivent être plus lents afin de prendre le temps de s'organiser. La simple corrélation des *rucks* pour définir les chances de victoire est incorrecte et nécessite en pratique de considérer la zone du terrain sur laquelle ces *rucks* rapides sont exécutés. Il est important de définir le contexte quand on parle de causalité, au risque de générer de la confusion.

Prenons un troisième exemple, sur lequel nous ne sommes pas tous d'accord aujourd'hui. On a remarqué une forte corrélation entre le nombre de coups de pied dans le ballon et les chances de gagner un

1. Je vous rappelle, comme nous l'avons vu dans le premier chapitre, que le *ruck* est une mêlée spontanée en cours de jeu.

2. Steven Bremner, Gemma Robinson et Morgan D. Williams, « *A retrospective evaluation of team performance indicators in Rugby Union* », *International Journal of Performance Analysis in Sport*, vol. 13, n° 2, 2017.

match. De ce constat, beaucoup d'entraîneurs se sont concentrés sur le nombre de jeux au pied qui entraînerait la victoire de leur équipe. Ils ont par conséquent encouragé les joueurs de rugby à le pratiquer. Selon moi, une corrélation existe bien, mais la relation de cause à effet n'est pas évidente. En analysant plus finement le jeu au pied, j'ai remarqué qu'il était très souvent suivi par une organisation des équipes à jouer dans les espaces libres[1] après y avoir envoyé le ballon, ou à agir sur les points faibles des adversaires dans leur côté du terrain en les mettant sous pression. J'en ai conclu que l'effet de causalité provient de cette orchestration qui suit le jeu au pied, et non du jeu au pied strictement. C'est ainsi que j'encourage mes espoirs à considérer le jeu au pied comme une arme supplémentaire à pénétrer les espaces libres et donc à gagner du terrain tout en engageant leurs adversaires vers la faute – et non comme l'outil miracle pour gagner.

Enfin, en manipulant des données sans prêter une attention pourtant nécessaire, on risque d'aller vers ce qu'on appelle des « analyses » ou des « prédictions autoréalisatrices ». On parle aussi de « prophétie autoréalisatrice », qui est une notion en sociologie qui fait référence au fait qu'une prédiction ou une analyse peut par sa déclaration auprès d'un individu modifier son comportement pour qu'elle se réalise. Par exemple, si le matin vous lisez dans votre horoscope que votre énergie dans les prochaines vingt-quatre heures sera au plus bas, il y a de fortes

1. Les zones du terrain où il n'y a pas de joueurs.

chances que vous vous sentiez fatigué tout au long de la journée. De même, si on vous présente le prétendu « amour parfait » sur une application de rencontres, il se peut que cette rencontre en personne découle sur une relation amoureuse digne de ce nom. Dans ces deux cas, connaître les éléments d'un avenir même proche peut déclencher l'événement en question.

L'homogénéisation du jeu et la perte de compétition

« La data ne doit pas "mécaniser" le football, mais être à son service. » Cette phrase de Nicolas Jover résonne toujours dans mon esprit tant elle résume justement ce que je pense de l'usage des données au rugby. En tant que joueur, directeur sportif ou entraîneur, ces data doivent m'aider, me soutenir, m'accompagner, me guider, sans me remplacer. Entrer dans ce paradigme, c'est reconnaître la forte valeur ajoutée de l'être humain face à la donnée. Le joueur n'est pas un robot et c'est tant mieux, sinon le jeu ne serait qu'une séquence prévisible de gestes, d'actions et d'interactions, sans aucune saveur ni aucun suspense. Les spectateurs seraient certainement contrariés et frustrés.

Les calculs statistiques et les algorithmes peuvent homogénéiser la description du phénomène étudié. Je m'explique. Une analyse statistique va fournir des mesures sur un phénomène en particulier, comme la moyenne, l'écart type, la médiane ou encore des courbes de répartition. Ces mesures nous influencent à observer le phénomène dans sa représentation dominante. On tend parfois à ne retenir que le phénomène moyenné de ces calculs statistiques en écartant les plus petits événements qui peuvent pourtant jouer un rôle important même dans quelques rares cas. Par exemple, c'est ce qui peut arriver en encourageant massivement les rugbymen à taper davantage dans le ballon pour augmenter les chances de gagner le match. Par une modification des comportements des sportifs au regard de ces observations d'événements dominants, on risque d'homogénéiser le jeu en mettant l'accent sur certaines actions uniquement. Cette perte de diversité met en danger la stratégie de l'équipe à l'égard d'un adversaire dans la mesure où son jeu devient plus prévisible. Pire, les jeux des deux équipes sont identiques, rendant tous les tournois et autres compétitions obsolètes, et ce pour deux raisons. Tout d'abord sous l'angle du score uniquement, car on serait capable d'identifier avec précision et à l'avance le vainqueur de chaque match. Puis sous l'angle du divertissement, car les spectateurs et les fans n'auraient pas autant d'enthousiasme à venir au stade ou à voir les matchs de chez eux. Une compétition sans suspense et donc sans aucune chance de retournement transformerait le sport en une séquence d'opérations hiérarchisées, exécutées selon une certaine logique. La Coupe du monde de rugby ne serait alors qu'un gigantesque algorithme à taille humaine. Et les joueurs de « simples robots », pour reprendre les mots de Nicolas Jover.

Certains d'entre vous pourraient me contredire en m'affirmant que l'homogénéisation n'a pas que du mauvais, et vous auriez raison. Dans l'histoire du jeu du rugby, grâce à la mondialisation, on a heureusement construit des règles communes à tous les clubs et à toutes les nations pour permettre aux équipes de jouer les unes contre les autres, et donc de faire naître des compétitions qui sortent du cadre de son village, de sa région et de son pays. Le rugby tire ses origines des premiers jeux de ballon dans l'Antiquité, et a évolué durant des siècles pour prendre différentes formes telles que la plus récente, le rugby à sept joué aux Jeux olympiques. Le rugby à quinze étant le rugby le plus couramment pratiqué aujourd'hui, et qui possède sa propre Coupe du monde et ses tournois comme celui des Six Nations. Les règles du rugby à quinze ont été posées et reconnues mondialement en 1846, dans la ville éponyme, en Angleterre. Cette homogénéisation a été nécessaire pour la démocratisation de ce sport aux quatre coins de la planète. Une standardisation des entraînements, des régimes alimentaires ou des techniques de récupération s'est également développée, à raison, au cours du temps, et est bénéfique tant qu'elle ne freine pas l'innovation, ce qui empêcherait toute remise en question des méthodes. C'est une évidence, l'homogénéisation est favorable et nécessaire jusqu'à un certain point. Le rugby, comme tous les sports, a besoin de spontanéité, d'imprévisibilité, de surprises, pour rendre le jeu excitant, l'espoir possible et le désir de gagner – ou la déception de perdre – réalisable.

Pendant longtemps, l'équipe de France a cherché à reproduire ce que les autres, ceux qui gagnent bien évidemment, faisaient sur le terrain, comme l'équipe d'Australie à la suite de sa victoire en Coupe du monde en 1999, ou les Anglais qui deviennent champions du monde en 2003. L'idée est intéressante. Après tout, la standardisation a toujours commencé par une telle démarche, mais elle présente des obstacles quand elle amène à oublier ou à dénaturer qui on est, et donc ce qu'on est capable de faire. C'est en 2019 que la Fédération française de rugby prend un tournant décisif en entrant dans un travail rétrospectif unique qui consiste à analyser les matchs de l'équipe nationale afin de mieux se connaître, identifier son profil avec précision, et donc exploiter son potentiel. C'est ainsi qu'elle a su mettre en valeur et donc davantage utiliser notre marque de fabrique à nous, Français, notre différenciateur sur le terrain, le fameux *French flair*.

Aux risques actuels liés à une homogénéisation absolue orientée par la data s'ajoutent les évolutions inhérentes aux technologies de collecte, de stockage et de traitement des données qui se produiront dans les décennies à venir. Que ce soit dans la quantité de données, la diversité de ces données ainsi que l'efficacité des algorithmes chargés de les analyser, les prochaines générations d'outils et d'applications rendront l'interprétation de ces data de plus en plus abstraite et possiblement opaque. Ce qui influencera inéluctablement les décisions qui en découleront, et donc le comportement des humains qui prendront ces décisions. Nous devons nous assurer que le champ des possibles reste large au profit du joueur et de la pérennité de la magie du sport.

Quand un mauvais usage de la data discrimine les talents

Il y a une autre conséquence – et non des moindres – dans le fait de considérer le phénomène statistique dominant dans les décisions prises à l'égard du sportif, du jeu ou de l'équipe : c'est le risque de passer à côté de talents pourtant exceptionnels, voire hors normes. Le terme est choisi à dessein : en dehors des normes qu'on se fixe comme références afin d'éclairer son jugement et la décision qui en découle. Ces normes, même si elles existent toujours – car on a tous une grille d'appréciation consciente ou inconsciente –, doivent être flexibles et dynamiques, c'est-à-dire qu'elles évoluent dans le temps. On doit aussi pouvoir sortir soudainement du cadre, voire remettre en question ces normes à tout moment. Mais l'usage toujours plus important des statistiques nous encourage à faire de plus en plus confiance – parfois aveuglément – aux nombres. Ces nombres ont un pouvoir puissant pour nous éclairer, nous rendre plus alertes sur certains aspects jusqu'ici écartés ou jamais considérés, mais ils peuvent aussi biaiser notre jugement jusqu'à discriminer des individus et des scénarios.

Prenons tout d'abord un exemple simple pour illustrer ces discriminations possibles dans le rugby.

En 2020 en France, près de 90 % des joueurs amateurs étaient des hommes[1]. Ce nombre peut nous faire oublier les 10 % de filles et de femmes qui pratiquent ce sport en club amateur. La preuve par la démonstration, parlez de rugby à une personne rencontrée à un dîner, dans un café ou dans un supermarché, il y a de fortes chances qu'elle associe ce sport aux hommes. Qu'on s'entende, les statistiques montrent que ce sport est majoritairement pratiqué par des hommes, mais il ne l'est pas uniquement, et la nuance est ici importante. Ce n'est pas Aurélie qui me contredira, elle qui a joué au ballon ovale pendant plusieurs années. Si on regarde à présent les courbes de répartition des âges des joueurs de rugby amateurs, la faible proportion des joueurs de plus de quarante ans risque de nous faire oublier leur présence. Ces répartitions sont souvent décrites par ce qu'on appelle une « gaussienne tronquée », cette fameuse courbe en forme de cloche. Au milieu de cette cloche se situe la masse représentative de la population, sur les côtés se trouvent les minorités – comme les plus de quarante ans parmi les joueurs de rugby amateurs. Quand on analyse ces graphiques, on a tendance à ne regarder que la partie dite « représentative » pour en tirer des conclusions et donc des décisions. Je ne dis pas qu'il ne faut pas le faire, je dis qu'il ne faut pas être rigide à l'égard de cette approche sinon on risque de passer à côté de variables pourtant intéressantes à explorer, comme un talent extraordinaire. Encore

1. Fédération française de rugby, 2020.

un mot bien choisi, en dehors (extra) de l'ordinaire, en dehors de ce *qui ne dépasse pas le niveau commun*[1]. Tel un joueur plus âgé que la moyenne des autres joueurs, pourtant étonnamment très performant. Je crois dans les chiffres, dans ce qu'ils nous apportent, mais même si les mathématiques sont impartiales, leurs usages et leurs interprétations ne le sont pas.

Au risque de vous étonner, pour certains critères je fais partie des queues de gaussienne, des bords souvent oubliés de cette cloche. Rappelez-vous mon premier test d'endurance lors de mon entrée dans le pôle espoirs de Béziers, la fameuse mesure de VMA, et des résultats somme toute mauvais au regard des exigences du sélectionneur. Quand j'étais enfant, puis adolescent, les données étaient encore collectées de façon parcimonieuse et la décision finale était largement motivée par un ensemble de caractéristiques décidées par les coachs, les directeurs sportifs ou les sélectionneurs. J'ai vécu la transition vers une approche plus analytique et les conséquences qui vont avec, comme la longue mi-temps que j'ai vécue pendant cinq ans, car je n'étais pas dans les standards chiffrés, ces normes citées précédemment : trop petit et pas assez lourd. Comme je le raconte dans le premier chapitre, si je n'avais pas réagi avec l'aide de mes entraîneurs et de toute l'équipe, je ne serais pas là aujourd'hui à vous raconter mon histoire. *A priori* je n'étais pas un talent selon la data

1. Selon le dictionnaire *Larousse*.

de l'époque et pourtant je suis devenu ce talent que certaines personnes – guidées par la donnée – ne prévoyaient pas. Mais je porte un regard critique sur cette étape de ma carrière, car la data a d'une certaine manière caché mon potentiel au lieu de le révéler. Ou peut-être étaient-ce les sélectionneurs qui ne savaient pas observer ni interpréter les résultats ? Je ne les blâme pas, tout est allé très vite. Mais je ne peux m'empêcher de penser que d'autres sportifs ont vécu la même expérience que moi, mais avec une issue différente, voire dramatique pour leur carrière.

À ces interprétations biaisées, approximatives ou non représentatives, car ne considérant que les tendances dominantes dans les données, s'ajoutent les effets des algorithmes. Les algorithmes sont construits sur des jeux de données dont ils extraient les signaux significatifs qui déterminent la réponse la plus probable à une question ou la solution la plus juste (sous-entendu la plus récurrente) à un problème. Cela étant dit, on comprend alors les risques semblables à ceux présentés à l'instant dans l'analyse statistique des données : l'amplification des réponses et des solutions dominantes. L'effet bulle que nous avons vu précédemment peut renforcer la surreprésentation d'une réponse algorithmique.

Le *rabbit hole* et la perte d'attention

Vous avez peut-être lu le livre de Lewis Caroll *Alice au pays des Merveilles*. Dans le premier chapitre de ce livre, intitulé « Descente dans le terrier du lapin », Alice est avec sa sœur quand elle voit un lapin passer à côté d'elle, qui sort une montre et se met à dire qu'il est en retard, et il saute alors dans son terrier. Alice, curieuse, se jette à son tour dans ce trou sans savoir comment en ressortir. Elle se retrouve ensuite dans un long tunnel sombre pour finalement tomber dans un puits dont des éléments lui apparaissent les uns après les autres comme une étagère ou une table. Le *rabbit hole*, ou « terrier de lapin » en français, est aujourd'hui un terme qu'on utilise pour parler du phénomène bien connu des réseaux sociaux ou toute autre application numérique.

Prenons un exemple concret. Je déverrouille mon téléphone portable dans le but d'envoyer un e-mail à un ami, mais avant d'ouvrir l'application correspondante, je vais sur ma messagerie instantanée, qui m'indique trois notifications. Dans l'un des messages, un lien me dirige vers Instagram, où je me perds pendant au moins trois bonnes minutes à regarder les posts, les vidéos et les notifications tout en balayant avec nonchalance mon pouce de bas en haut. Qu'étais-je venu faire sur mon téléphone déjà ? Je suis tombé dans une espèce de terrier, où passant d'un endroit à un autre je perds le fil de ma pensée et donc mon objectif. Le scientifique français Jean-Philippe Lachaux, directeur à l'Inserm (Institut national de la santé et de la recherche médicale), parle avec justesse de l'attention et de notre perte d'attention due à des stimuli extérieurs dans son livre *Le Cerveau attentif. Contrôle, maîtrise et lâcher-prise*[1]. Les scientifiques américains Richard H. Thaler et Cass Sunstein expliquent dans leur livre *Nudge* le phénomène d'erreur de post-achèvement ou de suivi de tâche qui nous fait perdre l'attention sur les éléments d'une tâche une fois que celle-ci vient d'être réalisée[2]. L'un des exemples les plus connus est l'erreur d'oublier sa carte bancaire dans le distributeur automatique de billets une fois qu'on a récupéré l'argent. Heureusement pour nous, un bip puissant nous indique que la carte est toujours dans le lecteur, prête à être récupérée. Cette technique s'appelle aussi un *nudge* – littéralement « coup de coude » en français et qu'on pourrait traduire par « coup de pouce » –, qui est le sujet principal du livre de Thaler et Sunstein. C'est un ensemble de méthodes pour garder ou reprendre l'attention des individus.

Selon moi, des phénomènes similaires s'appliquent dans le monde de la data et donc, dans la data et le sport. Je m'explique. Nous, joueurs, entraîneurs et directeurs sportifs, sommes aujourd'hui submergés par la taille et la diversité des informations que nous recevons souvent en temps réel. Le sport est un cas

---

1. Odile Jacob, 2013.
2. Richard H. Thaler et Cass Sunstein, *Nudge. La méthode douce pour inspirer la bonne décision*, Vuibert, 2010.

parmi beaucoup d'autres. De ces informations, des analyses et des décisions ou au moins des conclusions doivent être retenues. Il faut alors savoir jongler agilement avec ces amas souvent importants de données sous forme de chiffres, de courbes ou de cartographies. Au risque de vous étonner, quand on commence à regarder de la data dans un objectif précis, on peut à tout moment se perdre dans l'immensité des directions à prendre, une sorte de système géant de poupées russes qui nous amène parfois à nous perdre. Qu'est-ce que je cherchais déjà ? Aurélie me confirme mon impression, elle s'est souvent arrêtée d'observer ses résultats en s'interrogeant sur les raisons de sa recherche. Excitée par son exploration analytique et par la richesse de ses trouvailles, elle en perdait, même durant un court instant, le pourquoi du comment.

La taille et la richesse des données collectées et analysées dans le futur ne cesseront de croître sans que nos capacités cognitives augmentent aussi rapidement. Il faut prendre conscience de ce phénomène pour minimiser les risques d'en être la victime. La data dans le sport risquerait d'être encore moins bien comprise, avec des biais d'interprétation qui ne seraient que le résultat de nos propres biais cognitifs sans aucune erreur mathématique dans le traitement. Et qui sait ? On inventera peut-être un jour des systèmes de *nudge* pour plaquer notre attention avant qu'elle ne le fasse !

La perte ou l'absence de *flair*

L'intuition, le *flair*, ce qu'on ressent dans les tripes ou dans le cœur restent des notions encore difficiles à appréhender tant elles sont abstraites et en apparence irrationnelles. Et pourtant on a fait des progrès en neurosciences pour observer le fonctionnement du cerveau, pour identifier le rôle de certaines zones cérébrales jusqu'ici incomprises. La neuroscience appliquée aux sportifs est un domaine passionnant, car son terrain de recherche est autant sur la performance, la gratification que sur la gestion du stress et de la pression. Les études pouvant alors se répercuter dans de nombreux autres domaines en dehors du milieu sportif professionnel ou amateur. C'est ce qu'étudie entre autres le Dr Tara Swart, neuroscientifique spécialisée dans la neuroplasticité – qui est cette capacité du cerveau à reconnecter différemment, à reconstruire son réseau de connexions neuronales en fonction de la manière dont il est stimulé. Selon Tara Swart, les sportifs et les dirigeants d'entreprise possèdent des schémas similaires de fonctionnement cérébral face à une situation de stress intense et face à l'incertitude. Dans le chapitre 8 de son livre *La Source*, intitulé « L'intuition, vos tripes ne mentent jamais », la neuroscientifique britannique évoque la relation de causalité scientifiquement prouvée entre le microbiome de notre appareil digestif et nos capacités cognitives. Partant du principe – que l'on m'a souvent répété – selon lequel l'estomac est le deuxième cerveau, on comprend alors le levier que l'instinct – ce qui vient de nos tripes – peut jouer dans nos comportements et nos décisions, et le manque à gagner à ne pas l'utiliser voire à le perdre. C'est ce qui, selon moi, arriva aux joueurs irlandais il y a quelques années.

De 2013 à 2019, l'équipe d'Irlande a été entraînée par le Néo-Zélandais Joe Schmidt, qui avait orienté l'équipe à gagner selon une recette précisément définie et appliquée par les joueurs en entraînement et en match. Dans cette recette, selon moi, Joe Schmidt cherchait à tout prix à faire gagner son équipe en capitalisant uniquement sur les actions positives de ses joueurs, en évitant les erreurs. Mais comme je l'ai appris, *le jeu demande faute*. C'est par cette méthode que l'équipe d'Irlande a construit une technique de jeu bien à elle. Par exemple, la passe réalisée par un joueur sur le point de perdre le ballon, afin de le garder au sein de son équipe, avait été proscrite. Joe Schmidt avait en effet souligné le risque trop élevé de perdre le ballon à la suite d'une telle manœuvre et donc la faute. Grâce à son entraînement et à sa vision, l'équipe d'Irlande fut pendant des années classée parmi les premières mondiales jusqu'à cette fameuse rencontre avec le Japon. En 2019, au cours de la neuvième édition de la Coupe de monde de rugby, le XV du Trèfle joue face aux Nippons, qui ont su construire une stratégie pour contrer la technique des Irlandais. Au cours de la rencontre, ces derniers ont été dans l'incapacité de s'adapter en temps réel pour répondre à leurs adversaires. Encore aujourd'hui, je reste persuadé que l'équipe avait perdu l'habitude d'exercer son instinct et son intuition sur le terrain. Depuis ce mauvais souvenir, l'équipe d'Irlande a modifié sa stratégie sous la vision du coach anglais Andy Farrell afin d'être capable de jouer tous les styles de rugby : analytique, intuitif et instinctif. Ce qui lui permet, au moment où j'écris ces lignes, d'être première au classement général mondial[1]. L'exemple de cette équipe est symptomatique de la faiblesse d'un jeu trop analytique, qui induit deux choses importantes à retenir. Tout d'abord, lorsque les chiffres dominent le jeu, les sportifs et l'équipe prennent le risque de perdre leur instinct et leur intuition. Puis, par une construction trop analytique de son jeu, une équipe devient plus prévisible et donc plus attaquable. Écrit autrement, elle devient plus vulnérable. L'exemple irlandais révèle également la puissance d'accorder la réflexion analytique avec l'intuition dans le but d'améliorer la performance. Les données servant à construire un cadre analytique à l'intuition, qui peut alors prendre son envol.

1. Classement établi par la Fédération internationale, World Rugby.

4

La data au service de l'intelligence situationnelle

Depuis mes cinq ans, âge auquel j'ai commencé le rugby, et à travers ma formation, j'analyse les situations sur le terrain afin de réfléchir et d'y répondre efficacement, mais aussi afin d'apprendre d'elles. Cette posture dépasse ma carrière professionnelle puisque je l'applique aussi dans mon rôle de père, de mari et d'ami. En cela, j'ai toujours pensé que le sport était un magnifique levier et un puissant vecteur pour apprendre la vie. Apprendre à se connaître et à s'écouter, apprendre à interagir avec les autres ainsi qu'à approfondir ses capacités à capturer les émotions d'autrui. Réfléchir, (ré)agir et apprendre pourrait être le triptyque de l'intelligence situationnelle dans le sport, et dans la vie en général.

Ma découverte du mot

C'est lors de mes premières sélections en équipe nationale pour les moins de dix-sept ans que je fais la rencontre de Pierre Villepreux accompagné de

Jean-Claude Skrela, qui étaient à l'époque tous les deux directeurs techniques nationaux après avoir entraîné l'équipe de France pendant quatre ans. En 1999, ils viennent assister à la sélection à laquelle je participe. À cette occasion, Pierre Villepreux et Jean-Claude Skrela nous mettent dans des situations en apparence désordonnées pour voir nos réactions et notre niveau d'adaptabilité d'un scénario à un autre. En pratique, ils voulaient nous enseigner à répondre de beaucoup de manières différentes à des situations uniques, en sortant de schémas préétablis qu'on aurait pu apprendre dans nos clubs respectifs. Je ne me rappelle pas les avoir entendus mentionner le terme d'« intelligence situationnelle », mais nous étions sans le savoir dans cette notion qui changea pour toujours ma conception du rugby. Ce n'est que quelques années plus tard, en 2009, que je découvre ce terme lors d'une intervention de Pierre Villepreux sur le plateau d'une émission télévisée sportive, *Les Spécialistes*, pour laquelle il était consultant. Il commentait les actions des joueurs durant les matchs de la semaine sous l'angle de l'intelligence situationnelle, mettant en valeur l'instinct des sportifs et de l'équipe. Ce fut pour moi le début d'un long chemin d'apprentissage qui continue aujourd'hui.

Depuis la découverte de ce terme, à l'âge de vingt-six ans, j'ai commencé à lire des articles, des interviews et des livres sur ce sujet, ainsi qu'à poser des questions dès que l'occasion se présentait. Encore aujourd'hui, c'est pour moi une interrogation, et ce livre que vous avez entre les mains en est le point d'orgue, car il me permet de rassembler l'ensemble des connaissances que j'ai accumulées et d'en faire une synthèse. Je me souviens en particulier d'un après-midi passé avec Pierre Villepreux, dont j'avais dévoré les livres comme celui dans lequel il analysait l'œuvre de l'un des plus grands théoriciens français du rugby, René Deleplace[1]. Nous étions à Limoges, le 18 mai 2021. Puisque je ne voulais rien perdre de ce moment, j'avais enregistré nos échanges avec mon téléphone. À l'époque, j'étais encore directeur sportif du Racing 92 et je pensais sérieusement à devenir entraîneur. J'avais une vision précise de la façon dont je souhaitais exercer ce métier, et je voulais partager mes idées avec celui par qui tout avait commencé. Sans Pierre Villepreux, je n'aurais peut-être jamais compris l'importance de l'instinct ainsi que de l'intelligence qui permet de l'exploiter. Quand je jouais au Stade toulousain, j'entendais souvent les anciens faire référence à René Deleplace, parlant de ce qu'il nomme le principe de « liberté d'initiative » : ce besoin de « désordre » apparent pour laisser une place importante à l'intuition des joueurs et donc à la créativité dans le but de répondre à une situation unique. Même si j'adhère à la philosophie de Pierre Villepreux sur ce fameux désordre, ces incertitudes nécessaires aux actions senties de la part des rugbymen, je dois avouer me différencier dans la manière de l'approcher. Je crois

1. Marc Deleplace, Daniel Bouthier et Pierre Villepreux, *René Deleplace. Du rugby de mouvement à un projet global pour l'EPS et les Staps*, Presses universitaires du Septentrion, 2018.

au pouvoir de l'intuition (et donc de l'instinct, vous l'avez compris), mais pas sans un cadre analytique alimenté par des informations pertinentes sur le scénario sportif. Le *flair* sans la data est limité alors qu'avec ce fameux cadre analytique il devient une arme puissante sur le terrain. C'est ce que je pratique en 2023 en tant qu'entraîneur. Mais avant d'aller plus loin dans l'intelligence situationnelle, faisons un détour du côté de l'intelligence… ou, devrais-je dire, des intelligences.

Qu'est-ce que l'intelligence ?

Cette question peut faire peur tant elle relève de disciplines avec lesquelles nous sommes peu familiers comme la neuroscience, la philosophie ou l'anthropologie. Quand on parle d'intelligence, on pense assez vite et le plus souvent au fameux QI, le *quotient intellectuel*. Cet indicateur a été pensé et proposé au début du XXe siècle par de nombreux psychologues inspirés par les travaux en 1905 des Français Alfred Binet et Théodore Simon sur la mesure chiffrée de l'intelligence destinée à mettre en évidence des difficultés intellectuelles chez l'enfant. Le terme quant à lui a été introduit par le psychologue allemand William Stern. Critiqué maintes fois, le QI a été revu par plusieurs scientifiques, jusqu'à en obtenir de multiples versions. Aujourd'hui, il est le résultat de plusieurs tests combinés destinés à mesurer les capacités intellectuelles analytiques d'une personne.

Ils comprennent des évaluations en matière de vitesse, c'est-à-dire de rapidité à laquelle les problèmes sont résolus, mais aussi de puissance, c'est-à-dire le niveau de difficulté des problèmes. Le QI est rapidement devenu la mesure populaire de l'intelligence, mais ce quotient ne « calcule » en aucun cas les autres intelligences pourtant fondamentales pour naviguer dans la vie. Il faudra attendre les années 1990 pour parler d'intelligence émotionnelle, notion qui a été introduite par les psychologues américains Peter Salovey et John D. Mayer[1]. Quelques années auparavant, un autre psychologue, le professeur Robert Sternberg, propose une théorie nouvelle de l'intelligence pour sortir de cette stigmatisation dans laquelle seule l'intelligence analytique – incarnée par le QI – dominerait. C'est donc dans les années 1980 que Robert Sternberg[2] défend l'idée que l'intelligence humaine ne doit pas seulement être mesurée à partir de tests de psychométrie, mais qu'elle doit être évaluée avec justesse pour estimer la capacité de l'individu à s'adapter aux situations – nouvelles – et à la vie en général. Pour cela, il définit ce qu'il a appelé la « théorie triarchique » de l'intelligence, dans laquelle l'intelligence est décrite selon trois composantes. Tout d'abord l'intelligence analytique, celle évaluée par le fameux QI, qui décrit l'aptitude du sujet à résoudre des problèmes et à répondre à des questions,

1. Peter Salovey et John D. Mayer, « *Emotional intelligence* », *Imagination, Cognition and Personality*, n° 9, 1990.
2. Robert Sternberg, *Beyond IQ : A Triarchic Theory of Human Intelligence*, Cambridge University Press, 1985.

par un processus de réflexion logique et organisée. La deuxième composante est l'intelligence créative, qui inclut également l'intelligence émotionnelle. Elle traduit la capacité du sujet à penser différemment, de manière créative, pour répondre à un problème jusqu'ici inconnu. Enfin vient l'intelligence pratique, qui traduit l'aisance avec laquelle le sujet s'adapte à son environnement. On peut également parler d'« intelligence des situations », qui ferait appel à un certain bon sens. Ce n'est pas sans me rappeler les propos de Fabien Galthié, ancien champion de rugby aujourd'hui sélectionneur de l'équipe de France, lors d'une interview donnée sur le plateau de *Canal Rugby Club* en 2021 et dans laquelle il parle des trois cerveaux (le sensoriel, l'émotionnel et l'analytique) qu'il prend en considération dans sa méthode de gestion des joueurs. Dans le milieu, on l'appelle la « méthode Galthié », mais c'est bien de la théorie triarchique de Robert Sternberg qu'il s'agit ici.

Même si notre époque met de plus en plus – et à raison – l'accent sur les *soft skills*[1], jusqu'à parler de quotient émotionnel (QE), je vois encore beaucoup de gens autour de moi qui se concentrent uniquement sur l'intelligence analytique. Dans le rugby, dans le monde entier, il y a encore beaucoup d'acteurs qui s'appuient sur l'intelligence analytique pour mesurer le potentiel et la performance d'un joueur. Considérant le fait que les données

1. « Compétences générales » en français, qui traitent de toutes les compétences non analytiques d'un individu.

deviennent aujourd'hui une sorte de mètre étalon, ces mêmes acteurs s'enfoncent chaque saison un peu plus dans le risque de dérives d'une approche analytique uniquement. Les émotions, l'intuition et l'instinct du joueur et de l'équipe étant alors écartés. La théorie et les contributions du professeur Robert Sternberg devraient selon moi être connues de tous ceux qui agissent et interagissent avec le sport professionnel, dont le rugby.

C'est en m'intéressant à ces trois composantes de l'intelligence que je mets aujourd'hui des mots sur ce qu'il se passe en pratique sur un terrain de rugby. Il y a une sorte de mathématique, de logique dans les actions, comme les passes, les pointes de vitesse correctement placées, ou encore la position à avoir. Les lois du rugby sont entre autres analytiques, car elles s'appuient en partie sur une structure hiérarchique de règles d'actions. On fait alors fonctionner la première composante de l'intelligence pour recevoir et traiter l'information au cours du jeu afin de prendre la meilleure décision sur des temps relativement courts. Cela étant dit, la réflexion logique pure du rugby ne suffit pas à gagner un match. Elle ne suffit pas non plus à faire de vous un grand joueur. Les intelligences créative, émotionnelle et de situation y contribuent également et, devrais-je dire, largement ! Sentir les joueurs de son équipe mais également ceux de l'équipe adverse est un élément important du jeu. Comprendre par un simple regard avec son coéquipier la décision prise sur la prochaine passe. Réagir « intelligemment » sur une situation somme toute unique pendant un match. En effet, il n'y a pas deux matchs identiques. Certes il y a des tendances, des topologies d'équipes et de jeux individuels ou collectifs, mais il existe une unicité qui fait de chaque passe, chaque plaquage, chaque essai et chaque accélération une action à part entière. Vous l'aurez compris, maîtriser le fonctionnement de ces différentes composantes de l'intelligence permet de se les approprier dans la vie et sur le terrain. Le *flair* s'inscrit dans les deux dernières intelligences du triptyque de Sternberg que sont la créative (ou l'émotionnelle) et la pratique (ou le bon sens). Selon moi, ce qui est primordial, et ce que je défends dans ce livre, est l'idée que les data doivent aider à construire ce cadre analytique nécessaire pour servir les composantes créative et pratique de l'intelligence humaine. Un cadre et non un film opaque qui viendrait cacher ou étouffer le bon sens, l'intuition, l'intelligence situationnelle.

L'intelligence des données *versus* l'intelligence humaine

Vous avez bien lu : l'intelligence des données. Même si ce terme peut paraître galvaudé, à l'instar de celui d'intelligence artificielle – en quoi une intelligence peut-elle être artificielle ? –, il exprime ce qui peut être fait avec ces informations : fournir des éléments clés et pertinents – et donc qui ont du sens – sur une situation, un phénomène ou un individu.

Les données ne sont pas *stricto sensu* intelligentes, mais elles sont la source d'une certaine intelligence concernant la chose qu'elles décrivent. Bien collectées et traitées, les données sont un outil puissant pour comprendre et anticiper, mais mal utilisées elles deviennent un vecteur d'abrutissement à l'égard du sujet étudié. Pire, on croit cerner les mécanismes de fonctionnement du sujet (situation ou personne) alors qu'on est dans le flou voire le noir complet. Les données seules dans leur coin n'ont quasiment aucune valeur, mais, exploitées – correctement, vous l'aurez compris –, elles deviennent source d'« intelligence », car elles éclairent ceux qui les traitent. C'est pourquoi chercher à collecter un maximum de données sans réfléchir à leur traitement et à leurs usages est une erreur. Au même titre, penser que l'on connaît mieux un sujet car on est celui ou celle qui collecte le plus de data le concernant est somme toute naïf. En réalité, la data ne peut devenir « intelligente » que grâce à l'intelligence humaine qui la regarde, l'analyse et la traduit.

Comme nous l'avons vu un peu plus tôt dans ce livre, d'un jeu de données collectées, on peut extraire des informations telles qu'une émotion, un niveau de souffrance ou encore un état amoureux, mais la data n'est qu'un traducteur analytique de ce qui se passe et non un acteur. Prenons un exemple concret. Un outil qui analyse la sémantique d'un texte pour en extraire le sentiment dominant. Aurélie me donne cet exemple qu'elle a testé lorsqu'elle était développeuse chez Bloomberg, sur des contenus de tweets pour connaître le sentiment des utilisateurs de la plateforme à l'oiseau bleu, à l'égard d'une entreprise ou d'un pays par exemple. En pratique, à partir d'un texte de longueur raisonnable, on peut faire tourner un algorithme qui vous donnera en premier résultat un sentiment positif, négatif ou neutre du contenu en question. On peut ainsi capturer le sentiment d'un individu à l'égard d'une personne morale ou physique à travers ce qu'il dit d'elle. Comme par l'analyse de messages instantanés que l'on reçoit sur son portable de la part de sa nouvelle relation amoureuse. De ces échanges, une émotion se dégage et est inscrite dans des metadata que sont par exemple les éléments de langage, la ponctuation ou encore les émojis utilisés par celui ou celle qui fait battre votre cœur. La data collectée n'est en aucun cas intelligente et encore moins « amoureuse », mais elle est une sorte de messager qui exprime de façon – encore une fois – analytique l'intelligence exprimée dans ces petits bouts de texte. La seule vraie intelligence réside dans cette personne qui vous écrit, qu'elle soit analytique, créative ou pratique. Cette nuance est importante et ces habitudes de communication sont devenues des abus de langage dont on ne mesure pas assez l'impact sur notre manière de réfléchir et de percevoir ce qui nous entoure. Les données nous paraissent astucieuses et les algorithmes nous semblent lucides, alors qu'en réalité la data exprime uniquement de façon analytique des formes d'intelligence et les algorithmes sont tout simplement efficaces. La data met en équation des actions de la vie *a priori* non analytiques comme le ressenti, le bon sens, ou encore les interactions entre individus comme lorsqu'on mesure les passes entre les joueurs de rugby sur le terrain en compétition avant qu'ils marquent un essai. On manipule des grandeurs chiffrées comme le nombre de passes, la distance entre ces passes ou le temps entre deux passes successives. Ces grandeurs sont du ressort du raisonnement analytique, mais elles reflètent quelque chose d'humain que seules les deux autres composantes de l'intelligence peuvent capturer. C'est en cela que la data peut être au service des autres intelligences et de l'intelligence situationnelle en particulier.

La data ne remplacera jamais l'intelligence situationnelle

On ne compte plus le nombre d'ouvrages qui racontent, à raison, les risques bien réels du remplacement des êtres humains par des outils algorithmiques sophistiqués à moyen et long termes[1]. La data est le moteur de ces outils tant dans leur construction que dans leur fonctionnement, elle est donc l'un des protagonistes de cette transformation. On ne s'intéresse pas ici au sujet du grand remplacement algorithmique ou analytique, mais il me semblait nécessaire de commencer par là pour soutenir l'idée que je défends : la data seule ne

1. Tel que le livre *En attendant les robots. Enquête sur le travail du clic* d'Antonio A. Casilli (Seuil, 2019).

parviendra jamais à faire ce que j'ai fait en tant que joueur puis directeur sportif et maintenant entraîneur. Qu'on s'entende, des métiers disparaîtront, mais d'autres métiers apparaîtront, d'autres encore évolueront certainement pour devenir plus analytiques, comme le devient le sportif aujourd'hui. Nous travaillerons également peut-être moins dans le futur, le temps de travail moyen hebdomadaire d'un Français ayant déjà diminué de 30 % depuis les années 1950[1]. Les entreprises se positionneront certainement à l'égard de cette mutation sociale et économique pour donner de la place aux collaborateurs, aux êtres humains, pour valoriser leur savoir-faire et leurs compétences ainsi que pour leur donner la dignité qu'ils méritent. Je suis persuadé qu'il y aura des choix éthiques à faire sur la place à donner au travail et au collaborateur. Cela étant dit, je pense qu'il y a encore de nombreux sujets et disciplines qui ne pourront pas être remplacés par le simple paradigme de la data, le sport en fait partie. Certains pourraient croire qu'une bonne partie des coachs sportifs seront obsolètes dans le futur à cause des innovations technologiques qui perceront dans un avenir proche. On peut imaginer que, avec toutes ces informations captées grâce à des objets connectés de plus en plus efficaces et ces algorithmes de prédiction de plus en plus performants, on puisse être capable de suivre automatiquement le sportif et l'équipe, et établir un programme d'entraînement en l'absence d'êtres

1. *Insee Première*, n° 1273, 13 janvier 2010.

humains aux commandes. La réalité est tout autre et beaucoup moins fantasmagorique. Un coach, c'est avant tout un individu qui gère d'autres individus, des émotions, des états d'âme et des ego. Chaque joueur a une histoire, une vie et une personnalité qui font de lui un être à l'intelligence polymorphique. Il raisonne avec une intelligence analytique, il discerne et construit avec une intelligence créative, et il ressent et réagit avec une intelligence pratique. La data peut alors permettre à un entraîneur de s'éclairer davantage, avec plus de précisions, sur ses talents et son équipe, sans pour autant qu'il ait besoin d'être remplacé. Et pourtant, je me suis quelquefois retrouvé à exposer ma vision de l'apport de la data dans nos métiers face à des coachs qui répondaient par la peur d'être remplacés et non par l'excitation d'être plus forts. Aujourd'hui, certains acteurs du monde sportif utilisent la data de manière aveugle – et donc maladroite –, ce qui les expose aux risques intrinsèques et à ceux liés au sport, comme nous l'avons vu dans le chapitre 3. On rencontre également des acteurs qui refusent – pour ne pas dire rejettent – certains outils, car selon eux ils mettraient en danger leur rôle et donc leur raison d'exister. Il existe un juste milieu, auquel je crois, que je soutiens et que je pratique aujourd'hui comme entraîneur. Je n'ai aucune crainte que mon métier disparaisse, mais je me prépare à voir ses contours évoluer dans les années à venir. Je souhaite être un acteur actif plutôt qu'un observateur passif. C'est tout le sujet de ce livre.

S'éclairer par la data : un exercice complexe

Vous l'avez compris, en sport comme dans bien d'autres domaines, on cherche à éclairer nos observations, nos réflexions et nos décisions pour réussir à s'appuyer efficacement sur nos autres formes d'intelligence comme l'intelligence situationnelle. Je ne vais pas vous mentir, cela passe par une compréhension de ce que sont les données et les statistiques. Est-ce impossible ? Sûrement pas, mais cela demande des efforts et du temps. La transition a été plus simple et les efforts moindres dans certains sports, comme la Formule 1, qui intègre depuis le début de son existencc des ingénieurs et des techniciens qui mesurent en permanence les temps dans une course, par exemple. La nature des données a évolué, mais la philosophie reste la même, à la différence près qu'on cherche aujourd'hui à collecter des informations non analytiques par essence, mais qu'on transforme en chiffres pour pouvoir les analyser, comme le niveau de confort du conducteur sportif.

Selon moi, le plus difficile reste la maîtrise d'un langage commun entre joueurs, entraîneur, analystes sportifs ou encore ingénieurs data. Même si nous partons d'un même dictionnaire avec une définition commune des termes « data », « moyenne », « covariance », « accélération » ou encore « algorithme », on risque de ne pas les utiliser de la même façon, ce qui nous amène à évoquer des messages différents. Comprendre les ressorts et les intentions de celui qui s'exprime est important. Je m'explique.

Vous devez d'abord identifier à qui vous parlez, ce sont les ressorts. Si un joueur de rugby junior vous parle, ce n'est pas la même chose que si un joueur senior vous parle. Je vois une différence dans le rapport qu'ils entretiennent au numérique, par exemple. De même, un ingénieur ne vous parlera pas comme un sportif. Je l'ai aussi expérimenté avec l'écriture de ce livre, où Aurélie relisant mes parties et moi-même relisant les siennes, nous étions parfois perdus dans la manière – souvent très différente – dont nous comprenions chacun un mot ou un concept. Par exemple, la notion de temps réel n'est pas la même pour elle et moi. Quand je mentionne des données collectées en temps réel durant un match, je suppose des informations extraites durant ce match, peu importe l'échelle de temps du moment que ces informations peuvent orienter une décision au cours du jeu. À travers le prisme d'Aurélie, des informations en temps réel sont des données collectées sur des temps très courts, en dessous de la seconde. Sinon elle parle de temps « quasi réel ». Un autre exemple concerne la mêlée. Aurélie me parle de mêlée qu'elle soit au sol ou organisée, mais pour moi une mêlée est par défaut organisée, sinon on parle de *ruck* (comme nous l'avons déjà vu ensemble). Nos différences de langage se sont estompées au fur et à mesure de nos échanges pour parvenir à atteindre un consensus rigoureux dans la sémantique de nos deux champs d'expertise. Mais des efforts ont été nécessaires. Cela nécessite une certaine gymnastique intellectuelle régulière, pour ne pas dire quotidienne.

L'exercice est également rendu complexe par les risques inhérents à la science de la data, et propres au domaine sportif. Le chapitre 3 explique en cela les obstacles à surmonter et les pièges à déjouer. Le paradoxe de la mesure, son incohérence, les biais ou encore la corrélation non causale sont autant de facteurs de risque que de concepts à maîtriser pour en éviter les conséquences parfois désastreuses pour celui ou celle qui les manipule. Se libérer des préjugés, remettre en question ce qu'on a appris pour laisser une place aux choses nouvelles quitte à renverser parfois des théories pourtant acceptées depuis des décennies. La méthode scientifique est en cela une arme de choix dans l'arsenal dont je dispose pour évoluer dans ce monde encore nouveau. Comme nous l'avons vu dans le chapitre 2, cette méthode s'appuie sur l'observation, l'expérimentation, la théorie et la logique. J'utilise depuis l'enfance, et sans le réaliser, cette méthode qui me permet d'approcher le rugby et l'univers de la data avec un esprit critique affûté. J'observe avec un œil extérieur – de joueur et aujourd'hui d'entraîneur – l'équipe et les joueurs en mouvement. J'expérimente en créant des situations sportives auxquelles les joueurs doivent répondre. J'utilise la théorie du rugby, mais aussi celle sous-jacente à la science de la data, pour examiner avec rigueur mes observations et pour dimensionner mes expérimentations. Enfin, je raisonne de manière logique pour comprendre les résultats, les phénomènes et les scénarios jusqu'à dans certains cas créer de nouvelles théories ou renverser celles qui étaient pourtant admises depuis longtemps. C'est ainsi que j'ai revisité ma manière d'évaluer la qualité d'un plaquage, en m'opposant à l'appréciation d'autres entraîneurs, en parlant de plaquage positif ou négatif, comme je vous l'ai expliqué dans le chapitre précédent.

À ce moment du livre, on s'accordera sur l'idée que s'éclairer par la data résulte d'un long apprentissage, d'un travail en continu sur l'univers des données et de tous ses degrés de liberté. Je l'ai personnellement appris au fur et à mesure de mon parcours, et ce, dès mon enfance. Quand j'étais petit, j'avais toujours besoin de comprendre les relations de cause à effet, peu importe la discipline, le rugby en faisait partie. Je m'agaçais même de rester muet face à un membre de ma famille qui me demandait de lui justifier ma stratégie sur le terrain. J'avais un besoin viscéral de connaissance pour comprendre les motivations de mon entraîneur à prendre une décision en particulier. À l'âge de huit ans, je découvre pour la première fois *Rugby Magazine*, dans lequel chaque mois on pouvait lire l'interview d'un joueur, la section nommée « Le tableau noir » qui rassemblait les articles racontant les secrets et les tactiques de jeu, ainsi que des commentaires et des analyses de matchs. Je me rappelle que chaque numéro était accompagné d'un poster, posters qui recouvraient les murs de ma chambre jusqu'au plafond. Par mes lectures, j'apprenais les termes, les raisons de tel ou tel geste, j'allais même apprendre par cœur le nom des joueurs de chaque club français. J'avais besoin de retenir le savoir que j'avais entre les mains. C'est sûrement ce qui explique mon envie d'apprendre encore aujourd'hui sur ma discipline et sur celles qui lui sont transversales comme la science analytique. À ce jour, j'ai toujours du mal à accepter de ne pas comprendre, j'agis donc en conséquence et dans la foulée en me renseignant, en posant des questions et en m'interrogeant sur mes propres connaissances. La méthode scientifique est là pour m'accompagner dans cette sorte de formation continue.

La data au service de mon intelligence situationnelle

À la suite de ma blessure au genou, et à mon retour en club en 2010, je me suis mis à collecter des informations sur le niveau de difficulté que je ressentais pendant mes entraînements. Le fameux RPE[1] évoqué dans le premier chapitre. De là, mon accompagnateur sportif me disait à quelle intensité je devais m'entraîner les prochaines fois et selon quelle fréquence, en fonction des données de mes entraînements précédents. Après quelques semaines, par ces informations précieuses et l'analyse pertinente de mon accompagnateur, j'ai pu éclairer mon propre jugement et adapter de manière instinctive et intuitive la puissance et la durée de mes entraînements. Mon entraîneur s'occupait d'encadrer et de valider mes séances tout en suivant mes indicateurs de performances. D'une certaine manière, il avait confiance en mon intuition, qui lui envoyait les bons

1. *Rating of perceived exertion*, en anglais.

signaux, incarnés par mes choix d'exercices. Sans ces données collectées, je n'aurais sûrement pas été capable de capitaliser sur mon *flair*. Comme si l'instinct et l'intuition ne pouvaient exister pleinement qu'à travers des expériences – réussies ou échouées – qui, une fois assemblées, fonctionnent comme une mémoire actionnable. Mon intuition, alimentée par des métriques d'efforts, physiologiques et de performance, a largement contribué à me faire revenir à mon niveau d'excellence que j'avais avant cette sale blessure. Mon intuition seule ou les données découplées du reste m'auraient fait prendre plus de temps, voire n'auraient rien fait pour participer à ma réussite qui suivit. Cette complémentarité est fondamentale.

À l'automne 2022, je vis mes premiers matchs en tant qu'entraîneur de l'équipe espoirs du Racing 92. Pendant chaque rencontre, je prends des notes sur les actions des joueurs, je regarde le ballon attentivement, mais surtout, comme vous le savez, j'observe les comportements des joueurs éloignés du ballon. Après quelques matchs, je remarque que nous marquons la majorité écrasante des essais pendant les dix à vingt dernières minutes de chaque mi-temps. Au cours de la saison, j'ai compris ce schéma construit dans l'objectif de marquer plus d'essais. Et ainsi augmenter nos chances de victoire à chaque compétition. Pour cela, je décide d'orchestrer une équipe de remplaçants destinés à ces moments particuliers durant lesquels mes joueurs sont le plus à même de marquer, selon mes données.

Un remplaçant peut permettre de relancer le jeu ou de le rafraîchir, surtout à un moment du jeu où la fatigue se fait sentir, juste avant la fin d'une mi-temps. Pour parfaire et appliquer ma stratégie, je récupère chaque semaine l'ensemble des indicateurs de performance et des données sur mes joueurs pour mieux les comprendre. Je collecte aussi des informations sur l'équipe adverse, sur les conditions météorologiques ou encore ce que les joueurs ressentent individuellement et collectivement. Mais mon raisonnement ne s'arrête pas là. Le cadre analytique étant posé, je peux alors commencer à suivre mon *flair*, cette pensée intuitive qui me fait choisir le remplaçant idéal pour chaque joueur. Je décide aussi des joueurs à remplacer en priorité, étant limité à huit remplacements par match. À l'heure de l'écriture de ces lignes, je ne suis encore qu'au début de mon expérience, mais les premiers résultats sont conformes à mes attentes et j'ai confiance en mon intuition.

L'avenir de la data est au service de l'intelligence situationnelle

À ce moment précis, le lecteur comprendra et sera convaincu – je l'espère – par la thèse que je défends dans cet ouvrage : la mise en place d'un cadre analytique pour permettre à chaque acteur – sportif, entraîneur ou directeur sportif – de mettre à profit et d'exploiter davantage et de manière plus efficace son intelligence situationnelle. C'est en comprenant les mécanismes d'une situation que notre bon sens parle et attire notre attention pour nous transmettre les bons signaux, sous-entendu ceux qui nous aideront à y voir plus clair. Dans le pire des scénarios, où tout nous échappe, notre intelligence situationnelle est limitée et nos émotions perturbées – et perturbantes – prennent le pas pour brouiller les pistes. En pratique, ce paradigme s'applique dans notre quotidien sans même que nous le réalisions.

Dans le rugby, sans intelligence analytique, les émotions des joueurs prennent le pas sur leurs actions en pleine compétition, comme la passion ou la colère. Ce qui augmente les risques d'échouer par les bouleversements qui en découlent. Il faut bien écouter ses sens tout en mobilisant une connaissance fine des mécanismes de son environnement et des actions qui le composent. Le cadre analytique, fourni par les données, travaille dans cette optique. Je l'ai appris en l'expérimentant à mes dépens. Dans ma carrière, j'ai toujours été bon pour réceptionner le ballon au vol en sautant puis le faire avancer sur le terrain en courant sur de longues distances. C'est ainsi que je me retrouvais systématiquement placé en arrière dans la zone de défense de mon équipe. J'étais alors le mieux positionné pour intercepter le ballon avant de pénétrer le terrain la balle sous le bras. Mais un jour, en 2006, l'entraîneur décide de me positionner dans une autre zone qui m'impose de le récupérer à la volée toujours en sautant, mais cette fois-ci en étant soutenu de part et d'autre par deux de mes coéquipiers – c'est ce qu'on appelle un *lift*[1]. L'entraîneur ne m'avait pas expliqué les raisons d'un tel changement, et je fus perturbé par cette modification sans raison apparente. Si bien qu'au début j'échouais chaque fois que je tentais cette coordination entouré de mes coéquipiers. Je ne sautais pas au bon moment, ou je récupérais le ballon ovale avec maladresse quand je ne le faisais pas tomber. En réponse à ma pauvre performance, l'entraîneur élevait le ton et m'indiquait en hurlant le moment où je devais sauter. Mais sa technique ne fonctionnait pas, car je devais répondre comme une sorte de machine à un ordre extérieur sans assimiler les tenants et aboutissants de la situation dans laquelle on m'avait mis. Rappelez-vous, chaque situation est unique, ce qui rend encore plus difficile cette technique qui tentait de m'imposer par la force un schéma prédéfini et systématique. J'avais l'impression de devoir agir sans « sentir » ce qu'il se passait, sans faire appel à mon intuition. J'ai compris plus tard que je n'avais pas de cadre analytique pour pouvoir exercer mon *flair*. Après cette expérience – ratée, admettons-le –, j'ai pris l'habitude de demander des explications, une description claire et précise qui alimentait le cadre analytique dont j'avais besoin. Les data seules peuvent déclencher de la frustration chez les joueurs, mais intégrées dans un cadre analytique au service de notre intelligence situationnelle, elles sont un vecteur de performance.

Dans le futur, nous collecterons des data encore plus diverses avec un niveau de détails incomparable

1. De l'anglais *to lift*, qui veut dire « soulever ».

à celui que nous manipulons aujourd'hui. On peut imaginer avoir en temps réel des informations sur la condition médicale des joueurs, comme des analyses sanguines ou des données neurologiques et cognitives. Si nous avons déjà l'impression aujourd'hui d'être submergés d'informations en tout genre, dans le futur nous vivrons certainement une sorte d'obésité informationnelle dont il faudra à tout prix s'extraire pour aller chercher l'information perspicace et éviter de se noyer. La data restera alors notre meilleure alliée.

5

Quel avenir pour l'intuition orientée par la data ?

L'intuition a un avenir, et les data en constituent l'un des chemins. Ces données deviendront un levier évident de développement de l'intuition chez l'individu, qui découvrira alors de nouveaux degrés de libertés dans son espace et dans sa vie. Le sportif en fait partie. Pour anticiper le futur de l'usage de l'intuition dans le sport, il faut suivre les recherches et les développements actuellement réalisés sur la data et ses applications. Les algorithmes qui traitent et se construisent sur ces données font partie des sujets à explorer. En vingt ans de carrière, j'ai vu des changements profonds dans le jeu, le recrutement et les méthodes de sélection, tous orientés par la data. Tous ces bouleversements ont été accompagnés avec rigueur par mes entraîneurs, qui ont su anticiper l'avenir afin de m'y préparer. Ils n'ont sûrement pas tout prédit, comme je n'anticipe pas tout dans ce livre. Mais je suis certain d'une chose : nous devons faire l'effort, même si c'est difficile, de nous pencher sur l'ensemble des évolutions technologiques et scientifiques, au risque de passer à côté des technologies de rupture à venir. Pire, d'aller dans la mauvaise direction.

La data en croissance exponentielle

Dans le sport, à la fin du XIXe siècle, on écrivait des notes et des scores dans un cahier en papier à partir de nos propres observations à l'œil nu. Dans la seconde moitié du XXe siècle, on a commencé à rassembler ces nombres dans des tableurs, sauvegardés et traités, même de façon simple, automatiquement sur des ordinateurs. À la fin de ce même siècle, on découvre les objets connectés, ce qui nous fait entrer dans un nouveau paradigme : celui de l'observation embarquée et automatique. Puis, en complément de calculs statistiques parfois complexes, on a vu arriver les algorithmes numériques de plus en plus efficaces, destinés à traiter des quantités de données parfois gigantesques, qui ont permis de résoudre de nouveaux types de problèmes et de répondre à de nouvelles questions comme prédire le risque de blessure d'un sportif.

Les data sportives collectées depuis le XIXe siècle ont clairement évolué pour devenir plus sophistiquées, mais aussi pour être traitées par des outils de plus en plus performants. Ces changements ont été rapides, et leur adoption par les sportifs et les entraîneurs diffère selon les sports et les pays. On l'a expliqué plus tôt, la culture du sport universitaire aux États-Unis et au Canada a permis de faire croître plus facilement l'analytique sportive de l'autre côté de l'Atlantique par les interactions plus étroites et fréquentes entre le monde de la recherche académique et la pratique sportive à grande échelle. Certaines équipes professionnelles en ont d'ailleurs fait leur devise, comme les Golden State Warriors, équipe de basketball de la ville d'Oakland, en Californie : « *Strength in numbers* », qui veut dire « L'union fait la force », mais également « La force est dans les nombres ». Les moyens financiers, très différents d'un sport à l'autre, expliquent aussi les avancées plus ou moins rapides selon les disciplines. Le baseball, le basketball ou encore le football, qui sont des sports générant beaucoup de revenus, ont pu se lancer beaucoup plus tôt et plus facilement dans l'univers de la data que le canoë-kayak ou l'escrime, par exemple. D'autres sports n'ont pas encore pris le virage de l'analytique, mais ça ne saurait tarder. On l'a dit, il existe aussi des différences entre les sports masculins et leur homologue féminin, auxquels il faut prêter une attention particulière, au risque de créer des discriminations de genre quand ce n'est pas creuser celles qui existent déjà. Malgré ces différences, on remarque une tendance exponentielle non négligeable dans la manière dont la data évolue dans le sport en général.

En pratique, le monde analytique ne fait que se développer, et ce à grande vitesse. La raison en est simple : les données sont leur propre catalyseur. Je veux dire par là que les data innovent par les innovations technologiques qu'elles ont induites dans le passé. On est aujourd'hui capable de traiter un plus grand nombre de données par l'amélioration des algorithmes qui ont pu être construits grâce à ces mêmes données. On collecte, on stocke et on traite de plus en plus de data, qui permettent d'augmenter en retour les méthodes et les outils utilisés pour les extraire et les utiliser. La boucle est bouclée. Ce qui n'est pas sans rappeler l'évolution exponentielle – qu'on remarque aussi de manière empirique – de la puissance de calcul des ordinateurs et qui suit une loi du nom de son inventeur : la loi de Moore. Le phénomène est là encore nourri par lui-même, il en est son propre catalyseur : les ordinateurs sont de plus en plus puissants, ce qui permet de concevoir en retour des ordinateurs encore plus puissants. Partant de ce principe, on peut affirmer qu'on pourra dans le futur collecter, stocker et traiter toujours plus de données. Ce qui nous donnera accès à des informations existantes à un niveau de granularité jamais vu, mais aussi à de nouvelles données qu'on n'imaginait pas être capables d'observer. Par exemple, on arrivera peut-être un jour à mesurer l'activité cérébrale d'un rugbyman en temps réel pendant un match, ou encore ses sentiments les plus profonds, dans cet inconscient que lui-même ne peut saisir, mais qui oriente cependant son comportement. De toute évidence, ces évolutions à croissance exponentielle rendront plus difficiles notre adaptation et notre compréhension de la discipline et des grandeurs que nous manipulerons. Il faudra alors s'impliquer davantage sur la formation des joueurs et des équipes sportives (dont les entraîneurs et les directeurs), pour s'assurer qu'ils restent bien acteurs et non sujets passifs de l'analytique sportive. Il faudra également que les scientifiques et les ingénieurs soient davantage formés aux disciplines dans lesquelles ils appliquent leurs savoirs, au risque de faire des erreurs de jugement et des approximations qui peuvent abîmer le sport et nous en dégoûter.

Dans le futur, nous serons témoins de changements encore plus nombreux et plus surprenants dont les travaux restent aujourd'hui encore discrets. Cela concerne par exemple l'écologie. Je ne fais pas partie des gens qui voient dans le numérique et les nouvelles technologies la cause de tous les maux de notre époque comme le réchauffement climatique. Cela étant dit, dans un effort commun et global, nous allons devoir concevoir des outils toujours plus respectueux de notre planète. En 2023, des chercheurs travaillent sur la création de nouveaux modes de stockage de l'information pour combattre le caractère énergivore des serveurs actuellement utilisés. D'autres chercheurs s'intéressent au déploiement de nouveaux moyens de transport de l'information par la lumière, donc par les photons, afin de faire chuter de manière drastique la consommation d'énergie tout en accélérant le déplacement de ces quantités de données. Enfin, des chercheurs s'appliquent à concevoir un moyen de décentraliser le calcul algorithmique qui permettrait de construire et d'exécuter un algorithme sur les données de chaque utilisateur en externalisant un bout du calcul sur leur propre ordinateur. Les données des utilisateurs seraient alors exploitées en parallèle sur leur machine sans en sortir, et cela éviterait de transporter de grandes quantités de data de nos terminaux vers les serveurs. Ce qui diminuerait fortement la consommation énergétique, tout en protégeant davantage les données à caractère personnel. Ces changements doivent être suivis par le milieu sportif afin de pouvoir en profiter dès que c'est possible. En cela, toutes les personnes qui naviguent dans ce milieu, du joueur au propriétaire d'une équipe, doivent s'intéresser à ce qui se fait en recherche et en développement. On doit avoir une oreille attentive et prendre le pouls du monde analytique et algorithmique, au risque de rater une opportunité ou, pire, de saisir un cadeau empoisonné. En effet, il n'est pas rare de voir un buzz médiatique sur une technologie ou un outil qui s'avère en réalité être une coquille vide. Vous vous souvenez sûrement de l'entreprise Theranos, fondée par Elizabeth Holmes, censée réaliser plus de mille tests biologiques sur une seule goutte de sang grâce à une machine robotisée ingénieuse. L'ingénieure a été reconnue coupable en 2022 d'escroquerie en ayant levé près de sept cents millions de dollars sur une telle innovation qui, en fait, n'existait pas.

La data comme moteur des émotions

Quand on parle de data, on entre le plus souvent dans des considérations techniques, parfois scientifiques, pour comprendre son rôle et son fonctionnement. Je suis d'ailleurs moi-même dans l'obligation de le faire tout au long de ce livre pour préciser et soutenir le fond de ma pensée. Sans cela, mes idées ne seraient que des paroles en l'air sans fondation analytique solide. Mais dans le sport, comme dans tous les domaines, la data est un prétexte – adroitement articulé, je vous l'accorde – pour exploiter ce qu'il y a de plus humain en nous et dans les joueurs. « La data est comme un moteur des émotions. » Cette phrase de Nicolas Jover exprime parfaitement ce que les données peuvent faire pour les sportifs : libérer, déclencher et alimenter des émotions nécessaires pour permettre l'exploit, le surpassement et la résilience. Sans cette data, nos émotions sont induites et retenues au regard de ce qu'on pense être raisonnable ou acceptable. Nos préjugés et nos biais cognitifs issus de notre histoire étant en partie responsables de cette réserve. Mais lorsque la data vient raisonner un sentiment, un ressenti, on est alors décomplexé pour exprimer ces émotions et les partager.

D'une certaine manière, et peut-être contre toute attente, le sport du futur sera encore plus humain et plus sensible – voire bouleversant – grâce à la data. Car en comprenant nos émotions sur le terrain et en dehors du terrain, on pourra mieux les saisir et les transformer en décisions pertinentes et en actions efficaces. On sait que ce paradigme est fragile au regard des nombreux risques de dérives dans l'usage qui peut être fait de ces données. Il faut à tout prix éviter ces menaces intrinsèques de l'analytique sportive. C'est pourquoi l'entraîneur de demain devra avoir par défaut une formation et une expérience analytiques qui lui permettront de maîtriser les flux de données toujours plus importants qu'il aura en face de lui en permanence. Il devra aussi avoir des qualités pédagogiques affûtées pour enseigner en continu aux sportifs, mais aussi pour percevoir une incompréhension ou un malentendu de leur part. On peut affirmer que la data permettra de lever le poids de la timidité ou de l'orgueil chez celui qui, pourtant, aurait tout à y gagner s'il s'intéressait à ses émotions. Mettre des chiffres, des graphes et des schémas sur un sentiment nous permettra de lui donner un sens qui, agissant seul, peut devenir une prison dorée, mais qui, soutenant l'intuition, devient une sorte de pouvoir magique. Cela étant dit, force est de reconnaître que toutes les émotions et tous les sentiments ne sont pas capturables par la data, et c'est tant mieux. Il y aura encore et toujours une part d'inexplicable dans l'humain qui nous rend mystérieux, spontanés et somme toute imprévisibles.

D'une certaine manière, la data est aussi un moteur de confiance chez le sportif. Avoir confiance en son instinct, en ses capacités à décider à la volée sur une situation même nouvelle, est, et sera encore davantage demain, une des clés pour réussir une carrière sportive. Avoir confiance en son instinct alimente aussi sa capacité à contredire l'interprétation d'un jeu de données. Le sportif n'est pas qu'un simple exécutant ou un jeton sur un échiquier, il est le maître de cette data qui le concerne et qui doit être à son service, à celle de son équipe et de son sport. Son instinct est alors éclairé pour enfin se révéler au plus juste. Force est alors d'en déduire que l'intuition est la meilleure alliée de la data. Les données seules ont un champ d'action limité, mais, associées à l'intuition, elles permettent de créer cette magie pouvant même surprendre le sportif, qui déploie alors une stratégie d'excellence.

Un paradigme individualiste et punitif à chasser

Je suis d'une génération préanalytique, qui a connu – même durant quelques années seulement – les entraînements sans capteurs, sans écrans d'affichage de courbes et de nombres qui bougent au fur et à mesure des secondes qui défilent, et sans analyste sportif pour me guider. D'une certaine manière, ma tante, Tatie Clémentine, représente cette époque révolue. Aujourd'hui, les jeunes générations de joueurs de rugby ne connaîtront et n'expérimenteront certainement pas de la même manière les remarques même simples d'une tante assise sur la pelouse au bord du terrain. Ils se concentreront davantage sur les éléments les plus pertinents *a priori*, fournis par la machine et validés par les entraîneurs, au regard de leurs données collectées sur le terrain et en dehors du terrain. C'est en ayant vécu et observé cette transformation ces deux dernières décennies que j'ai découvert une habitude de comportement chez les joueurs – et, je l'avoue, de moi-même – qui, si elle n'est pas discutée et modifiée, risque de mettre en péril la raison d'être du rugby et de tous les sports d'équipe en général.

À l'ère de l'analytique sportive, les joueurs agissent en fonction des informations qui leur sont fournies sur leurs comportements, leurs performances et leurs erreurs. L'objectif de chaque joueur est simple : obtenir de bons résultats associés directement à leurs métriques individuelles. Nous avons déjà vu qu'une datafication généralisée du sport éloigne les sportifs de leur intuition, qui est pourtant une alliée de choix pour la data qui les concerne. Par une collecte et une analyse toujours plus importantes de ses données personnelles, le sportif se concentre encore plus sur lui-même, au risque d'oublier ses coéquipiers. Cette granularité toujours plus fine de l'information que nous traitons aujourd'hui nous encourage à toujours plus focaliser notre attention sur un élément toujours plus petit. Quand j'étais plus jeune, nos entraîneurs nous faisaient regarder des matchs entiers, parfois nos propres matchs, afin de comprendre la stratégie de l'adversaire, mais aussi pour analyser nos actions. L'objectif était toujours le même, et raisonnable : s'améliorer. Aujourd'hui, on nous fait regarder des petits bouts de matchs, des actions indépendantes du reste du match, ou encore un joueur en particulier. Je ne dis pas qu'il ne faut pas faire cela, mais je pense que ça ne doit pas agir au détriment du match dans sa globalité, et donc de l'équipe dans son ensemble. J'ai également remarqué que beaucoup de joueurs ne regardent parfois que leurs propres actions sur une vidéo d'un match, sans faire attention à celles des autres individus autour, coéquipiers ou adversaires. Plus précisément, ils ne voient que ce qu'ils font, ils ne voient pas non plus ce qu'ils ne font pas, et sont donc dans l'incapacité d'identifier ce qu'ils auraient pu faire. Ce qui selon moi les empêche d'évaluer avec pertinence la contribution de chaque individu autour d'eux à une action, qu'elle soit réussie ou ratée. Les données collectées sur les joueurs, individuellement et sur des temps relativement courts, ont encouragé maladroitement les acteurs du sport à naviguer uniquement dans ce paradigme individualiste. Ce qui, selon moi, rend plus difficile l'exploitation de l'intuition et de l'instinct par les joueurs en pleine action, à la volée, au cours d'un match en compétition.

On peut distinguer l'intuition sur son propre comportement de l'intuition sur son environnement, sur tout ce qui nous entoure, les autres joueurs en faisant bien évidemment partie. En se concentrant uniquement sur la première branche – donc individuelle – de l'intuition, on perd de l'information pourtant fondamentale, mais aussi et surtout on en oublie l'équipe et l'esprit d'union qui va avec. Or, on ne réussit jamais seul. On peut être brillant, excellent, et extrêmement résilient, mais sans les autres le succès est fragile voire, selon moi, impossible. En pratique, il faut écouter, prendre le pouls de ses coéquipiers pour agir avec discernement et permettre à chacun d'exploiter le meilleur de soi pour le bien et la performance du groupe. Dans le futur, sans prise de conscience et modification de notre posture, les algorithmes de personnalisation et de prédiction toujours plus efficaces risquent de renforcer ce phénomène en ne traitant en grande majorité que des informations à l'échelle du sportif uniquement.

Cette individualisation en constante augmentation s'accompagne du risque punitif de la décision qui découle de la collecte et de l'analyse des données personnelles du sportif. Aujourd'hui, au rugby comme dans beaucoup de sports, l'entraîneur peut être amené à sortir un joueur au cours d'une rencontre, car les risques de blessure sont trop grands ou parce que la machine détecte une perte d'énergie et de force chez le sportif. L'entraîneur peut aussi demander au joueur de ne pas venir à un entraînement, car les données l'encouragent à un repos forcé pour optimiser sa récupération. Peu importe les raisons, il est malheureusement fréquent que le sportif voie ce genre de décision comme une punition, au lieu de la voir comme un bienfait pour lui et son équipe. Il n'a qu'une envie : jouer, s'exercer, agir, marquer, exceller et gagner. Dans l'impossibilité de faire ce pour quoi il a été sélectionné, l'exploitation de ses données individuelles renforce chez le sportif cette frustration et ce sentiment punitif. Le joueur se voit empêché de jouer à cause de ses data et donc par extrapolation à cause de lui uniquement. Je reste persuadé qu'une décentralisation de la collecte et du traitement des données en allant chercher davantage dans le collectif pourrait moduler ces émotions négatives pour le joueur, l'équipe et le sport. En cela, le travail de pédagogie à faire auprès des sportifs est fondamental pour leur donner une grille de lecture de ce nouveau monde qui, pour beaucoup, est le seul univers qu'ils aient connu. Une évolution de leur formation est primordiale pour qu'ils puissent appréhender, comprendre et saisir les bénéfices des prochaines générations de méthodes analytiques et d'algorithmes, tout en évitant les menaces et autres dérives.

Les avancées technologiques et algorithmiques de demain

Vous l'avez compris, le monde de la data va croître de manière exponentielle pour atteindre des quantités d'information et des niveaux de granularité, et donc de détail, jamais atteints jusque-là. Ces données pourront être collectées en masse et sur des temps toujours plus courts par les améliorations technologiques des capteurs et des systèmes de transport et de stockage de l'information. Ces mêmes capteurs seront de plus en plus petits et efficaces pour que le joueur puisse les porter sans que cela interfère avec ses gestes et donc ses performances – évitant ainsi le paradoxe de la mesure que nous avons déjà évoqué. En cela, il est important de suivre les travaux actuellement conduits sur les objets connectés et l'IoT.

Dans leur livre intitulé *The Inversion Factor*, les auteurs Kenneth Traub, Linda Bernardi et Sanjay Sarma racontent comment les objets connectés et l'IoT ont transformé les paradigmes économiques des entreprises[1]. En particulier, ils rapportent que les sociétés qui vendaient auparavant des produits se sont mises à vendre des services, qu'elles personnalisent grâce aux données des utilisateurs. Ils affirment également que dans ces sociétés le consommateur est à présent un collaborateur, car l'entreprise doit collaborer avec lui pour pouvoir collecter les informations le concernant. Elle doit obtenir son accord dans un cadre de confiance. Les auteurs précisent que cette transformation analytique et économique se réalise à travers l'évolution des objets connectés selon trois étapes. Tout d'abord, on a commencé à connecter les objets à Internet pour pouvoir collecter de l'information en temps réel. On parle d'étape de « connexion technologique ». Puis, on a mis en relation ces objets entre eux pour que des informations se croisent en temps réel et que des décisions agissent de manière simultanée et pertinente. C'est ce qui arrive quand votre machine à café se met en marche dix minutes avant que votre alarme s'enclenche, car elle est connectée à votre réveil embarqué dans votre téléphone. On parle d'étape d'« interconnexion technologique ». Enfin, et c'est ce qui arrivera dans le futur, les auteurs expliquent que nous entrerons dans un monde connecté immersif où tous nos objets connectés – également en plus grande quantité – seront reliés à tout moment à des technologies environnantes que nous ne possédons pas. Par exemple, une fois sa voiture garée, un conducteur pourrait la surveiller grâce à la connexion automatique de

1. MIT Press, 2017.

son téléphone aux caméras de surveillance du parking. On parle alors d'étape d'« immersion technologique ». On comprend bien les conséquences de ces évolutions dans l'analytique sportive et le sport en général. Les informations recueillies et traitées seront beaucoup plus larges, et il faudra anticiper avec plus de clairvoyance ce qui pourrait arriver dans un tel environnement immersif ultra-connecté. Par exemple, le joueur pourra peut-être un jour recevoir de l'information provenant de son environnement à travers des lentilles de contact connectées. Cela peut sembler de la science-fiction, mais la multitude d'innovations à venir peut rendre ces fantasmes concrets. Dans le futur, il ne faudrait pas travailler uniquement en circuit fermé sans aucune immersion, car on risquerait de passer à côté d'opportunités enrichissantes pour le sportif et le sport. Le sujet n'est pas simple et demande un travail en amont des équipes sportives et scientifiques pour avancer avec justesse dans ce monde qui change à mesure qu'on l'explore.

Dans les prochaines décennies, les algorithmes vont fortement évoluer. En quelques années uniquement, on a vu l'adoption et l'utilisation démocratisée d'algorithmes d'entraînement profond (qui est une classe d'algorithmes d'apprentissage automatique) dans de nombreux domaines pour permettre la résolution de problèmes jusque-là difficiles à « craquer ». On pense en particulier au domaine de la *computer vision* (« vision par ordinateur »), qui consiste à analyser des images et des vidéos et qui a explosé grâce aux progrès algorithmiques. On a entre autres conçu des logiciels de détection sur mammographies de tumeur cancéreuse du sein, des applications de reconnaissance faciale ou des outils pour évaluer la qualité des actions sur un terrain de rugby. La manière de construire ces algorithmes évoluera également, pour être plus simple et plus rapide. Aujourd'hui, dans la majorité des cas, nous devons collecter des données que nous structurons et labellisons à la main. Cette phrase est chronophage et limite souvent la taille des échantillons de données qui peuvent être utilisés au regard du temps qu'il faut pour les construire. Des scientifiques et des ingénieurs travaillent sur des méthodes d'entraînement appliquées à des données non structurées et non labellisées. Ce qui permettrait de s'abstraire des contraintes et des limitations d'aujourd'hui. Le sport en fait partie. Nous pourrions alors collecter des données en plus grande quantité sans nous soucier du temps qu'il faudrait pour les nettoyer et les annoter. Le point de donnée « rugbyman » que nous avons vu ensemble au chapitre 2 aurait alors un champ de metadata implicite étendu, voire illimité en théorie ! Mais cette évolution présente un défi supplémentaire : elle opacifie davantage l'algorithme finalement construit et utilisé. En pratique, on comprend moins bien *a priori* son fonctionnement, sa logique d'exécution. L'algorithme devient encore plus abstrait, car on ne sait pas sur quoi – sous-entendu sur quelle metadata et quels labels – il a été entraîné. Cette opacité grandissante pourra être un adversaire pour le sportif, qui ne comprendrait pas les motivations des décisions de son entraîneur éclairé par un algorithme dont il ne sait pas expliquer les tenants et les aboutissants. En effet, le sportif pourrait perdre confiance en son entraîneur et donc en lui-même. Ce qui risquerait alors de l'éloigner de son intuition, alors même que cette data devrait au contraire la révéler. Heureusement pour nous, il y a un champ qui grandit depuis plusieurs années déjà et qui pourrait répondre en partie ou complètement, selon les cas, à ce défi : l'explicabilité algorithmique. Nous verrons un peu plus loin dans ce chapitre les tenants et aboutissants de cette discipline.

Des environnements *métaversiels* à considérer

Le terme « métavers » est sur toutes les lèvres au point de devenir un mot-mana[1] dénué de sens quand il est manipulé maladroitement dans les conversations. Faisons ensemble un pas de côté sur cette notion, sur son explication et son histoire avant d'en comprendre les avancées dans le milieu sportif. Le mot « métavers » est une contraction des termes « méta » (« au-dessus de », qu'on retrouve évidemment dans « metadata ») et « univers » (qu'il ne me paraît pas nécessaire d'expliciter). Par métavers, on entend tous les univers virtuels numériques simulant

1. Qui signifie « mot à la mode », terme inventé par Claude Lévi-Strauss en 1989 et repris par Roland Barthes dans son séminaire sur le neutre.

une certaine réalité. La notion de métavers n'est pas nouvelle et tire ses origines du monde du jeu vidéo. Des métavers ont également été conçus dans le domaine de l'éducation, comme les simulateurs de vol pour la formation des pilotes ; ou dans le domaine de la santé, pour la gestion de la douleur chez l'enfant par exemple. Dans le milieu sportif, on utilise déjà des environnements virtuels comme ceux exploités dans les méthodes d'entraînement cognitif. L'exemple le plus connu du grand public et le plus employé étant certainement les systèmes de *neuro-tracker*. Ce sont des univers numérisés et ludiques représentés au travers d'un casque ou de grands écrans parfois incurvés qui projettent des vidéos de balles se déplaçant dans l'espace et que le sujet – ici, le sportif – doit suivre du regard. Les chercheurs ont démontré que ces technologies d'entraînement perceptuel augmentent de manière significative le niveau de concentration et diminuent la vitesse de décision chez le sujet. On comprend alors les bénéfices chez un sportif qui doit souvent réagir vite et efficacement à des situations qui lui demandent un très haut niveau de captation et d'analyse de l'information en temps réel. Dans le futur, ces métavers s'amélioreront et étendront leur champ d'application pour intervenir tant dans l'entraînement sportif que dans la récupération et, pourquoi pas, dans les processus de sélection. Mais là encore, il faut sortir d'une vision magique – voire fantasmagorique – de ces technologies et réaliser l'effort nécessaire pour suivre et comprendre les innovations actuelles et futures afin de bien les utiliser.

Que ce soit à des fins de divertissement, commerciales ou éducatives, la construction de métavers sophistiqués et immersifs va nécessiter des bonds technologiques et scientifiques pour dépasser les obstacles d'aujourd'hui. Cela intervient tant dans la qualité tridimensionnelle de l'univers simulé que dans l'ergonomie, la richesse et le réalisme des interactions de cet univers avec les utilisateurs. Ce n'est pas Mark Zuckerberg, fondateur et président de Meta – anciennement Facebook –, qui me contredira au regard de la pauvreté de son métavers présenté en 2022. On pourrait également citer l'expérience décevante du métavers utilisé par la société Carrefour pour son recrutement la même année. Nous sommes encore loin d'univers virtuels entièrement immersifs, persistants et évoluant en temps réel. Force est d'observer que les récentes avancées sur la qualité des visuels et de l'interactivité proviennent en majeure partie des sociétés productrices de jeux vidéo et d'effets spéciaux pour des films d'animation. Les acteurs du sport doivent suivre de près ce qui se réalise chez ces protagonistes. Il faut souligner que ces industries rassemblent les meilleurs ingénieurs et scientifiques en vision par ordinateur qui s'intéressent à la modélisation et à la simulation de l'analyse d'images et de vidéos numériques. Les améliorations de la vision par ordinateur étant rendues possibles par les avancées réalisées sur les systèmes de captation (les fameux objets connectés), de transport, de stockage et d'analyse de la data, ainsi que sur les algorithmes.

La construction, l'opération et l'usage de métavers s'accompagnent aussi de nombreux points d'attention sur les implications en matière de durabilité et d'impact environnemental, mais aussi en matière de protection des droits fondamentaux des utilisateurs. L'énergie nécessaire pour développer et opérer ces prochaines générations de métavers va de toute évidence s'accroître, voire exploser. De même, ces mondes immersifs sont l'occasion pour leurs propriétaires de collecter des informations sur le comportement des utilisateurs et de l'orienter au sein même de la plateforme. Les effets de bulles qui existent sur les réseaux sociaux et qui sont un vecteur de manipulation d'opinion seraient alors décuplés au sein de métavers immersifs. Les prochains métavers ont un avenir dans le sport, et leurs bénéfices devront être évalués avec justesse au regard des considérations éthiques, environnementales et sportives.

ChatGPT et les autres technologies à suivre de près… sans buzz

Au moment où j'écris ces lignes, l'agent conversationnel ChatGPT fait parler de lui – si vous me permettez le jeu de mots – au point de lire et d'entendre tout et n'importe quoi sur ses capacités réelles et son fonctionnement. Certains affirment qu'il est capable de pratiquer le métier d'avocat, ayant fourni des réponses correctes à un examen du barreau aux États-Unis. D'autres évoquent la morale ou une conscience pour exprimer les traits de ce qui semble être une personne physique. Enfin, certains encouragent son interdiction, sans aucun recul scientifique et social sur ce qu'un tel outil peut nous apporter et comment nous devons tous, individuellement et collectivement, l'approcher.

ChatGPT fait partie de cet ensemble de technologies qu'on nomme « IA génératives ». Ces IA peuvent générer du texte, des images, des vidéos ou encore des sons. ChatGPT est un agent conversationnel qui fonctionne sur un algorithme d'analyse du langage naturel, qu'on appelle aussi NLP pour *Natural Language Processing*, en anglais, conçu par l'organisation OpenAI et qui se nomme GPT[1] pour *generative pre-trained transformer*, qui répond à l'écrit aux questions de l'utilisateur au travers d'une interface graphique bien faite. Le moindre détail comme le défilement des lettres au fur et à mesure de la réponse donnerait l'impression que ChatGPT converse concrètement avec nous. En pratique, ChatGPT a été entraîné sur des bases de données provenant des flux de data sur Internet[2]. Écrit autrement, il trouve ses réponses dans le contenu d'Internet, ce qui inclut la vérité, l'approximation et, malheureusement, parfois l'erreur. Aurélie en profite pour partager avec moi un échange qu'elle

1. Nous en sommes à la version 4 de cet algorithme (GPT4) au moment de l'écriture de ces lignes, au printemps 2023.
2. Qu'OpenAI refuse de partager ou de rendre publics, au moment d'écrire ces lignes.

a eu avec son ami le scientifique Luc Julia[1], qui lui affirme être rassuré de voir qu'on a évité le terme IA « créatives » pour mentionner ces IA, et que lui a été préféré « génératives ». La différence est importante et mérite d'être soulignée, cet outil génère un texte mais ne le créé pas au sens de l'intelligence créative humaine. Ce qui évite d'apporter plus de confusion au mot IA, qui est déjà flou, tant on ne sait pas de quelle intelligence nous parlons quand nous l'évoquons. En discutant avec Aurélie, je comprends que ce n'est pas l'algorithme de génération de texte qui est révolutionnaire, algorithme qui existe dans sa première version depuis 2017, mais qui s'est profondément amélioré par l'augmentation significative des paramètres du modèle à optimiser. En revanche, l'interface graphique, très bien faite, fluidifie les échanges et donne l'impression qu'on échange avec un humain en chair et en os. Les concepteurs ont tout de même prévu des réponses sans ambiguïté aux questions farfelues comme « Es-tu amoureux de moi ? » : « Je suis une intelligence artificielle, je ne ressens donc aucune émotion. » Il y aurait beaucoup à dire sur nos réactions face à cette technologie, à commencer par son interdiction. ChatGPT ouvre de nouvelles perspectives dans de nombreux domaines pour créer en profondeur dans des dimensions jusqu'ici non envisagées, faire des recherches plus rapidement selon une nouvelle ergonomie, voire repenser l'évaluation scolaire au regard des moyens

1. Luc Julia est le cocréateur de l'agent conversationnel Siri, présent sur tous les iPhones.

qu'il offre aux étudiants d'obtenir de façon détaillée la réponse exacte à des questions même complexes. En revanche, ChatGPT soumet l'humanité à certaines menaces, comme l'assimilation d'informations fausses, approximatives voire complotistes par l'utilisateur qui « croit » cette technologie, ou encore le sentiment d'empathie qu'on peut développer envers cette machine qui possède des signes anthropomorphiques dans les éléments de langage utilisés. Je reste persuadé que nous ne sommes qu'au début d'une ère nouvelle dans laquelle les technologies telles que ChatGPT vont nous offrir une multitude d'opportunités et de bénéfices. Le sport en fait partie. Par exemple, pour la communication d'une stratégie calculée automatiquement et en temps quasi réel aux joueurs durant un match, à l'aide d'un outil de *text-to-speech* permettant de traduire sous forme vocale un texte fourni par l'agent conversationnel qui ira chercher l'information pertinente pour la stratégie en question. On peut aussi imaginer l'application de telles technologies dans le domaine du sport amateur pour accompagner et soutenir un individu dans une activité telle que la course à pied, le tennis, la natation ou la danse, en lui calculant et lui communiquant des exercices personnalisés bien pensés. L'agent conversationnel jouerait le rôle de ce coach qui nous guide et nous encourage à nous dépasser. Ce ne sera jamais l'équivalent d'un coach en chair et en os mais cela démocratisera encore davantage la pratique d'un sport régulier chez chacun. Il faut s'ouvrir à de nouvelles applications et habitudes tout en réfléchissant ensemble aux dérives. C'est pourquoi il faut garder à l'esprit que chaque actualité entourant un nouvel outil ou une prétendue technologie de rupture doit s'accorder chez chacun d'entre nous avec un certain esprit critique, ce pas de côté nécessaire pour prendre du recul et analyser avec pertinence le sujet, ses tenants et aboutissants et ses conséquences sur nos vies. Vous l'avez compris, le buzz est à proscrire, et les *buzzwords* par la même occasion. Aurélie m'a souvent répété que si je ne savais pas donner la définition d'un mot je ne devais pas l'utiliser, ce qui m'impose davantage de le comprendre. J'ai fait de même la concernant sur le vocabulaire sportif, qui, je dois l'admettre, est parfois difficile à appréhender. Ces nouveaux outils prennent une dimension particulière quand ils sont associés à des algorithmes d'anticipation.

Vers une approche prédictive généralisée

Les algorithmes permettent de répondre à une question, de résoudre un problème ou de comprendre un phénomène. La prédiction s'inscrit dans chacune de ces fonctionnalités. En effet, prédire strictement un phénomène, c'est répondre à une question ou résoudre un problème, tout en comprenant les mécanismes sous-jacents du phénomène en question. Pour beaucoup de scientifiques et d'individus en général, la prédiction reste le Graal, le désir suprême, qui nous permettrait de contrôler le futur et nos destins. La réalité est tout autre, et même si les prédictions algorithmiques – qu'Aurélie préfère nommer « anticipations » – nous apportent des éléments éclairants sur le futur qui nous permettent de modifier nos comportements et nos décisions dans le présent, elles ne disent pas tout. Écrit autrement, ces prédictions ont des limitations propres à la science algorithmique et à la science de la data, mais aussi propres au phénomène qu'on souhaite anticiper.

Par exemple, nous sommes capables de prédire la météo à travers la prédiction de la température, de la vitesse et de la direction du vent ou encore du taux d'humidité. Pour cela on utilise des modèles algorithmiques explicites contenant des équations de la physique relativement complexes que l'on fait tourner sur de gros calculateurs. Ces équations dépendent du temps, ce qui permet de prédire les variables dans le futur, mais cette dépendance au temps devient moins exacte sur des temps longs. On peut donc extrapoler un phénomène sur un temps donné, mais la précision des caractéristiques du phénomène dans un futur lointain perd en exactitude. Il existe aussi des phénomènes qu'on ne peut pas prédire strictement, car nous avons une connaissance limitée dans le temps présent. L'exemple qui incarne le mieux cette idée est… l'amour. Est-il possible de prédire celui ou celle qui sera votre meilleur partenaire sentimental et amoureux pour la vie ? On peut tout à fait imaginer des modèles algorithmiques qui s'appuient sur ce que vous aimez et sur ce que ceux qui vous ressemblent aiment (ce que font les applications de rencontre) pour identifier le partenaire idéal. On peut aussi chercher à construire un algorithme qui décrirait les mécanismes de l'amour en fonction de metadata qui porteraient sur vous-même, le contexte (comme le pays, l'époque…) et des paramètres intrinsèques à l'amour. Seulement voilà, l'amour est incapturable, ineffable et intangible. Comment peut-on alors le mathématiser ? Vous pourriez à raison me contredire en m'affirmant qu'on peut tout à fait dépasser cet obstacle en entraînant des algorithmes d'apprentissage sur des jeux de données gigantesques décrivant la réussite et l'échec de couples. Là encore, une question fondamentale se pose sur la nature et le type de données. Les données permettant de capturer l'essence même de l'amour n'existent peut-être pas. Vous l'avez compris, anticiper un phénomène est possible, mais réfléchir à la méthode utilisée, à la pertinence des résultats et à sa valeur ajoutée est important.

Revenons au sport. La prédiction a déjà commencé à s'installer dans l'analytique sportive. De toute évidence, on pense aux paris sportifs (que nous n'abordons pas dans ce livre), mais il existe de nombreux autres domaines dans le sport où l'on cherche à connaître ce qui arrivera dans le futur. C'est ce que font les entraîneurs sportifs en évaluant les risques de blessure d'un joueur durant un exercice dans le futur, ce qui leur permet de prendre une décision dite « plus éclairée » dans le présent. C'est également ce qu'on cherche à réaliser quand on évalue les chances de réussite d'une stratégie en particulier face à un adversaire lors d'une rencontre dans le futur. On associe toujours une prédiction à un pourcentage d'apparition de cette prédiction. Même dans notre exemple météorologique, des pourcentages de fiabilité sont associés aux températures fournies jour après jour, même si elles ne sont pas toujours visibles sur votre application météo. Formulé scientifiquement, il ne fera pas douze degrés à seize heures à Brest, mais il y a 83 % de probabilité que ce soit le cas. Historiquement les prédictions dans le domaine sportif s'appuient sur des calculs statistiques qui sont devenus de plus en plus sophistiqués au fur et à mesure des décennies. Aujourd'hui, la croissance exponentielle de la taille et de la diversité des jeux de données mis à disposition, l'efficacité toujours plus grande des algorithmes, et des calculateurs toujours plus puissants permettent d'entrer dans un nouveau paradigme prédictif. Cette exploration a un coût, en particulier celui des scientifiques et des ingénieurs nécessaires à son déploiement, mais il diminuera avec le temps pour rendre ces innovations technologiques accessibles. En revanche, cette exploration doit se faire en connaissance de cause, au risque, une fois de plus, de tomber dans des dérives qui mènent à des erreurs préjudiciables pour le sport et les sportifs. Rappelez-vous, si j'avais eu dix-huit ans aujourd'hui – en 2023 –, je n'aurais peut-être pas été identifié comme un talent futur au regard des indicateurs utilisés dans la détection des prochaines générations de joueurs de rugby. Plus jeune, j'étais hors normes, en dehors des standards communs qui étaient révélés dans les modèles statistiques de l'époque, et qui sont encore davantage mis en avant aujourd'hui par des calculs algorithmiques. Prédire les talents de demain doit permettre d'identifier aussi les talents extraordinaires, voire des talents dont les caractéristiques n'avaient jamais été décelées auparavant. Beaucoup de scientifiques et d'ingénieurs s'intéressent à la construction d'algorithmes capables de fournir ce genre de réponse dont les signaux faibles ou forts n'appartiennent pas aux jeux de données d'entraînement. Même si des avancées scientifiques et technologiques se feront, il faut garder un certain recul pour utiliser ces prochains outils avec un éclairage critique et analytique.

Le futur de l'analytique sportive est dans la personnalisation des services et des informations fournies aux sportifs, et dans la précision et donc l'exactitude de ces contributions. Cela se fera certainement par une approche prédictive généralisée dans le sport pour permettre d'entrevoir le futur pour mieux voir le présent. Certains algorithmes ont une logique plus difficile à expliquer qu'un système d'équations statistiques même complexes. Ce qui rend la relation de cause à décision moins évidente à comprendre et donc plus difficile à contredire. L'humain, que ce soit l'entraîneur, le directeur sportif voire le sportif, doit toujours être capable de remettre en question un résultat algorithmique dans l'objectif de rectifier l'erreur à la volée, et pourquoi pas d'améliorer l'algorithme lui-même.

L'explicabilité algorithmique, un champ en expansion

L'explicabilité algorithmique est une discipline qui est née dans le monde académique et industriel à travers le développement de méthodes de calculs statistiques destinées à extraire le fonctionnement des algorithmes. On parle de XAI pour *explainable artificial intelligence*. On cherche à expliquer un algorithme dans le but de maîtriser sa logique afin de l'expliquer à ceux qui vont l'utiliser, d'en détecter plus facilement des erreurs comme des biais qui mènent à de la discrimination technologique, ou encore de permettre aux concepteurs de l'améliorer. Je ne vais pas vous présenter ici l'ensemble des méthodes qui existent, ni même l'histoire de cette matière, mais je vous recommande de lire le chapitre 3 du livre *Les algorithmes font-ils la loi ?*, d'Aurélie, qui résume dans les grandes lignes ces calculs[1].

L'idée que je veux ici mettre en avant est la vitesse à laquelle cette discipline grandit, et l'attention que les acteurs du monde sportif doivent lui porter. Ce champ s'étend à mesure qu'on améliore les algorithmes. Ce qui n'est pas étonnant, dans la mesure où beaucoup de ces méthodes de calcul d'explicabilité s'appuient sur des algorithmes ! Nous sommes, là encore, dans une sorte de phénomène autoalimenté. Il est important que chaque acteur du monde sportif connaisse l'existence de l'explicabilité

---

1. Aurélie Jean, *Les algorithmes font-ils la loi ?*, *op. cit.*

algorithmique, qu'il comprenne à quoi elle sert, et comment elle fonctionne. Même sans connaître *stricto sensu* les méthodes de calcul, mais en ayant conscience qu'elles existent, on peut alerter les gens qui nous entourent pour les encourager à aller voir ce qui se passe de ce côté des sciences de la data. Pour ma part, j'ai découvert cette discipline à travers l'écriture de cet ouvrage, de mes recherches et des nombreuses discussions avec Aurélie. Aurélie soutient l'idée que je devrais m'intéresser même de loin et dans l'ensemble à ce champ disciplinaire. Je pourrai ainsi dans le futur débloquer des situations dans lesquelles la confiance de mes joueurs diminuerait à cause d'erreurs provenant d'outils que j'utiliserai pour orienter mes décisions. Si je ne comprends pas comment ces outils algorithmiques fonctionnent, je serai incapable de m'interroger sur les résultats obtenus. Sans parler des biais algorithmiques qui peuvent se cacher dans ces outils et qui mettent en danger le traitement juste des sportifs, peu importe leur genre, leur âge, leur couleur de peau et tant d'autres choses.

Je reste persuadé que nous tous, entraîneurs, sportifs, préparateurs ou encore analystes, avons un levier d'action à l'égard des propriétaires des applications que nous utilisons, qu'elles soient pour suivre les entraînements, les matchs ou encore les temps de repos du joueur. Ces entreprises nous fournissent des outils indispensables aujourd'hui pour nous aider au quotidien. Mais il n'y a pas systématiquement un travail en amont de pédagogie de leur part envers nous, utilisateurs – et clients –, qui pourtant leur imposerait de chercher à expliquer leurs algorithmes. À l'heure où j'écris ces lignes, aucune loi européenne ou française n'impose aux entreprises d'appliquer sur les algorithmes des méthodes de calcul d'explicabilité. Nous pouvons créer ce point de bascule dans le milieu sportif en exigeant ces calculs. Mais encore une fois, il va falloir capturer la raison d'être de cette discipline, son fonctionnement et suivre les évolutions technologiques et scientifiques afin de pouvoir tirer avantage des prochaines générations de méthodes de XAI. Sans cet effort de notre part à tous, nous risquons de rompre la confiance des joueurs dans le système qui est censé les porter vers l'excellence, et dans leur propre intuition, qui se verra alors abîmée par l'analyse de mauvais signaux. Le cadre analytique serait alors faussé et guiderait mal les émotions, pourtant sources de victoire.

Les discriminations, un adversaire de taille

Au cours de ce livre, nous avons évoqué les nombreuses différences de traitement et de considération qui existent entre les sports, mais aussi entre les hommes et les femmes d'un même sport, ou encore entre le sport et son homologue handisport. Ces différences trouvent leurs origines dans les représentations sociales du passé qui, même si elles ont évolué, ont marqué nos visions jusqu'à construire des biais cognitifs nous suivant encore aujourd'hui. À cause de ces biais, il ne nous viendrait pas à l'esprit de remettre systématiquement en cause les différences de rémunération entre femmes et hommes d'un même sport. Heureusement, les choses avancent et nos biais disparaissent avec ces avancées. On se souvient de ce groupe de joueuses de l'équipe nationale de football américain qui avaient poursuivi en 2022 leur fédération pour réclamer le même salaire que les hommes. C'est aujourd'hui chose faite. Certaines discriminations qui se voient et se mesurent, comme le salaire ou la couverture presse d'un sport, vont pouvoir évoluer rapidement grâce à la pression des sportifs, des médias, mais aussi des citoyens.

D'autres discriminations, invisibles ou plus difficiles à détecter, vont mettre du temps à être éliminées. Je pense bien évidemment aux différences de traitement qu'induisent certains algorithmes. Un algorithme est construit sur des critères, des conditions et des jeux de données, tous choisis par des êtres humains. Nous avons tous des biais cognitifs en lien avec notre histoire, notre langue, notre culture, notre milieu social, notre genre et tant d'autres choses. Ces mêmes biais qui orientent nos choix et nos comportements. C'est ainsi que certains algorithmes biaisés génèrent de la discrimination technologique en considérant les individus ou les scénarios différemment voire de manière injuste, comme nous l'avons vu dans le chapitre 3 sur les limites de la datafication du sport. Les prochaines générations d'algorithmes de plus en plus sophistiqués et abstraits vont rendre encore plus difficile – mais pas impossible ! – la détection de ces biais. Vouloir chasser ces biais, voire les éliminer une fois pour toutes, serait une erreur et de toute évidence impossible à réaliser. Cela imposerait à notre société de devenir lisse, sans ce relief qui fait pourtant sa richesse. En revanche, il faut concevoir et appliquer de bonnes pratiques de collecte et de traitement des données, de développement ou encore de tests des algorithmes afin de garantir autant que possible l'absence de biais au sein du modèle, et par conséquent de mitiger le risque de discrimination technologique. Dans cette idée, le calcul et l'analyse de la *fairness* (ou « justesse ») doivent être systématiques chez chaque algorithme utilisé dans le milieu sportif pour garantir qu'aucune des technologies actuelles et futures ne discrimine un groupe d'individus ou une entité tels qu'un pays ou une équipe. Le calcul d'explicabilité des algorithmes décrit précédemment en est une brique fondamentale. Cela fait partie de la gouvernance algorithmique que les acteurs du monde sportif vont devoir s'approprier.

Le sport amateur ne fait pas exception

Même si je traite dans ce livre des dimensions sportive et analytico-algorithmique du sport professionnel, tout ce que j'ai pu écrire s'applique aussi au domaine amateur. Dans le passé, le sport amateur a toujours pu bénéficier des innovations techniques mais aussi de nouvelles coordinations, gestes ou pratiques en exercice ou au repos. L'exploitation des réseaux sociaux pour fournir des exemples d'entraînement à faire chez soi, des reportages en temps quasi réel sur les pratiques des sportifs professionnels ou encore la vie de ces grands sportifs sont une source d'inspiration et d'éducation pour tous les sportifs du dimanche ou en devenir. Le sport amateur profite aussi de ces sources d'information précieuses pour orienter la pratique de ces clubs, dans toutes les disciplines sportives. La Fédération française de rugby met à disposition au sein d'une application tous les résultats de classement et autres données sur les championnats qu'elle organise avec un niveau de précision élevé. Les clubs amateurs profitent de ces informations gratuitement. D'une certaine manière, le sport amateur ou de loisir profite déjà des avancées analytiques à travers la collecte et le traitement en temps quasi réel au sein d'objets connectés comme une montre « intelligente », de données comme notre rythme cardiaque, le nombre de pas réalisés chaque jour ou encore notre taux d'oxygène. Les applications mobiles se sont d'ailleurs multipliées ces dernières années et reflètent une demande toujours plus grande chez le sportif du dimanche d'un accompagnement et d'une personnalisation toujours améliorés. Dans le futur, le sport amateur et de loisir continuera de profiter, même avec un décalage, qu'on espère toujours plus court, des retombées scientifiques, technologiques et sociales de tous les développements dans les disciplines sportives professionnelles. Les risques évoqués dans le chapitre 3 sont bien évidemment applicables chez tous les sportifs non professionnels.

À nous de jouer !

Les données construisent des repères individuels et collectifs imbattables. Au risque de vous surprendre, peu importe les progrès de demain et d'après-demain sur la data, les algorithmes et les nouveaux objets connectés ; c'est à nous, sportifs et entraîneurs, d'imposer nos règles – vous l'avez compris, bien faites – sur ce nouveau terrain de jeu. Mais nous devons mouiller le maillot en nous engageant toujours plus dans la science de la data. L'intégration de nouveaux postes en tête de ligne sera obligatoire si on souhaite le faire sérieusement. Les analystes sportifs et les scientifiques de la donnée sportive en font partie, et auront quant à eux l'obligation d'accompagner les acteurs historiques du sport professionnel.

Cette coordination sera complexe, bien sûr ; mais la réussite sera à ce prix.

Conclusion

La force du nombre

Pour paraphraser le basketteur Kobe Bryant et tant d'autres sportifs avant lui, le sport est assurément la meilleure métaphore de la vie. Je crois l'avoir expérimenté moi-même dans ma carrière et dans ma vie personnelle, dont cet ouvrage est une brique. Au-delà de la rencontre incroyable avec Aurélie, l'écriture de ce livre m'a permis d'élaborer l'approche scientifique qui me manquait jusqu'à présent dans ma formation et dans ma pratique au quotidien, en tant que sportif puis entraîneur. Certes, je connaissais les données et ce que leurs analyses peuvent apporter au rugby et au sport en général, les utilisant moi-même, mais je n'avais jamais conceptualisé le sujet avec autant de détails et de précision. Au cours de ces pages, j'ai dû étayer, expliquer et argumenter chacune de mes déclarations et de mes opinions qui, pour certaines, faisaient partie de moi sans que je les aie jamais interrogées. Biais analytique, échantillonnage, paradoxe de la mesure, effet bulle, corrélation *versus* causalité, algorithme, ou encore apprentissage machine sont aujourd'hui des notions que j'ai faites miennes, et que chaque acteur du monde sportif devrait maîtriser. Sans être un scientifique de la donnée, je peux – et je dois – en tant qu'entraîneur sportif construire une vision stratégique orientée par la data qui ait du sens, scientifiquement et humainement.

Dans cet ouvrage, j'ai défendu l'idée que l'instinct et l'intuition sont des piliers fondamentaux à la performance sportive, au dépassement de soi et à la réussite de son équipe. La data en est un moteur et non un frein tant qu'elle ne vient pas empêcher l'individu (sportif ou entraîneur) d'écouter ses émotions. Contre toute attente, la data seule ne permettra pas grand-chose à long terme, elle peut aller jusqu'à faire perdre au sport la raison même de son existence : l'exploit, la compétition, le suspense et le revirement de situation à tout moment. La data seule rendrait le sport homogène, sans saveur ni odeur, où chacun agirait de la même manière, selon des gestes identiques, face à un adversaire tout aussi normé. Mais combinée à l'instinct, la data devient une alliée de choix, la meilleure coéquipière. Une alliée qui doit être pensée au bénéfice du collectif également, et non de l'individu uniquement. Quand on voit la tendance qui se dessine sur l'individualisation croissante et répandue de la collecte, de l'analyse et de la recommandation, le risque de perdre l'esprit d'équipe est grand.

Au cours de ces pages, j'ai tenté de vous accompagner au mieux dans ma propre aventure sportive et analytique à travers des exemples concrets et des anecdotes afin que vous en compreniez les tenants et aboutissants, mais aussi que vous puissiez faire le lien avec votre propre rapport à la data. En effet, peu importe notre position sur l'échiquier analytique (scientifique ou simple utilisateur) et peu importe le domaine dans lequel nous naviguons (sportif ou non), ce livre est un guide pour tous ceux qui souhaitent exploiter les signaux incarnés (et parfois cachés) dans les données qui les entourent. Même si cet ouvrage aborde l'utilisation de la data dans le sport, il traite en réalité de tous les champs d'application. Que ce soit dans la médecine, la finance, la justice, le marketing, l'art, l'agriculture, les médias, la production industrielle ou encore l'éducation, les données collectées parfois en temps quasi réel permettent de recueillir des informations pertinentes sur le phénomène étudié et d'éclairer les décisions qui en découlent.

J'espère avoir déclenché chez chacun d'entre vous, chers lecteurs, une curiosité contagieuse, une envie débordante d'en apprendre davantage, et pourquoi pas le début d'une réflexion personnelle – et collective – sur votre propre usage des données. J'aime à rappeler à mes joueurs que *seul on va plus vite, mais ensemble on va plus loin*. Je pense pouvoir écrire que ce livre en est la formidable démonstration.

Lexique scientifico-sportif

Algorithme (numérique)

Séquence d'opérations exécutées selon une certaine logique automatiquement sur un ordinateur dans l'objectif de répondre à une question, d'exécuter une tâche, résoudre un problème ou comprendre un mécanisme. On distingue les algorithmes explicites, dont la logique est décidée en amont par les concepteurs, des algorithmes implicites, dont la logique est construite implicitement par un apprentissage sur un jeu de données, dites « données d'entraînement », censées représenter les scénarios sur lesquels l'algorithme doit fournir une réponse.

Analytique

L'analytique regroupe l'ensemble des méthodes qui permettent de faire une analyse sur des données. Cela passe par un traitement des données afin d'extraire un indicateur, une mesure ou encore une tendance par exemple.

Analytique sportive

Application des méthodes analytiques, fondées sur le traitement et l'analyse des données provenant du milieu sportif. Ces données peuvent provenir du sportif, d'une équipe, d'un entraîneur voire d'un sport dans sa globalité. L'analytique sportive est née à la fin du XIXe siècle dans le contexte des paris sportifs aux États-Unis, et a vécu un bouleversement dans la seconde moitié du XXe siècle avec l'apparition d'algorithmes numériques et de méthodes de calcul automatique.

Biais algorithmique

Défaut dans le fonctionnement de l'algorithme qui tend à traiter différemment et de manière incohérente, voire injuste, les situations ou les individus. On parle aussi de « discrimination technologique » lorsqu'il résulte en un traitement injuste et inégal des situations ou des individus. Ces biais algorithmiques proviennent d'un biais originel dans les données d'apprentissage ou de calibration qui ne sont pas statistiquement représentatives des critères ou des hypothèses faites sur la logique de l'algorithme. Ces biais proviennent souvent de nos propres biais cognitifs, que l'on soit concepteur ou simple utilisateur, nos données souvent biaisées orientant maladroitement l'algorithme.

Biais cognitif

Schéma de pensée qui nous fait voir une situation ou un scénario à travers un prisme faux ou déformé. Ces biais cognitifs sont fortement influencés par notre identité sociale, incluant notre culture, notre langue, notre âge, notre genre, notre classe sociale ou encore notre orientation sexuelle. Plus généralement, nos biais se construisent au fur et à mesure de notre vie au regard de notre propre histoire individuelle et collective.

Calcul

Domaine qui regroupe l'ensemble des opérations mathématiques, arithmétiques ou numériques. On fait un calcul dans l'objectif d'obtenir un résultat sur une question donnée qui a été mathématisée. On distingue le calcul manuel du calcul automatique réalisé par un ordinateur tel qu'une simple calculatrice ou un gros calculateur. Un calcul algorithmique correspond à l'exécution d'un algorithme manuellement ou automatiquement dans le but d'obtenir un résultat d'un phénomène modélisé par l'algorithme en question.

Capteur (numérique)

Outil numérique capable de collecter de l'information en temps parfois quasi réel, souvent connecté à un ordinateur pour traiter l'information. Les capteurs font partie de la famille des objets connectés faisant appel à l'IoT, l'Internet des objets.

Data

Une data est constituée d'un ensemble d'informations qui décrivent un individu, une personne morale, un pays, une société, un objet ou encore un scénario. Il faut distinguer les données structurées des données non structurées. La data non structurée est la donnée brute directement collectée, comme un e-mail, une photo, une bande-son ou encore un texte. Cette data peut être traitée en étant nettoyée et organisée selon ce qu'on nomme des « metadata » qui viennent décrire la donnée.

Entraînement sportif

Reproduction partielle ou complète de gestes, de mouvements ou de scénarios de compétition qui permet à l'athlète de se développer, physiquement, tactiquement, techniquement ou mentalcment.

Indicateur

Grandeur qui se mesure ou se calcule, qui donne une information sur le phénomène ou la situation mesurée ou calculée. Des indicateurs sont souvent construits et utilisés pour réaliser des comparaisons pertinentes ou suivre l'évolution d'une situation ou d'un phénomène au cours du temps et dans l'espace.

IoT – *Internet of Things*

L'IoT ou Internet des objets (*Internet of things* en anglais) désigne le réseau et l'ensemble des outils numériques et des capteurs connectés à Internet et pouvant donc communiquer leurs informations avec d'autres systèmes ou ordinateurs. Ces systèmes sont des capteurs à informations largement utilisés dans de nombreux domaines pour collecter des données parfois en temps quasi réel.

Mesure

Calcul de la valeur d'un paramètre dans certaines circonstances définies pour évaluer la pertinence de la mesure en question. En effet, des conditions mal choisies de la mesure peuvent influencer le résultat de cette mesure.

Métadata

La métadata est un type de data qui décrit l'information rattachée à un point de donnée en particulier et qui l'exprime quantitativement et qualitativement. Le mot « méta » vient du grec ancien et signifie « au-dessus de ». Un point de donnée qui définit un sportif contient un ensemble de métadata comme son âge, son genre, sa taille, son poids, son sport, ses performances ou encore le nombre d'années d'expérience. Il n'y a pas un ensemble unique de métadata pour décrire un point de donnée (ici, un sportif), mais une multitude de métadata possibles.

Offload

Passe réalisée par un joueur au moment où il entre en contact avec un joueur adverse. C'est un geste extrêmement difficile à réaliser pour le joueur qui fait la passe car il est alors face à plusieurs défenseurs. Les joueurs adverses, qui sont obligés de se rapprocher du porteur du ballon pour empêcher la passe, libèrent des espaces sur les extérieurs du terrain, qui sont alors des zones sans défense que les coéquipiers du porteur du ballon peuvent exploiter une fois la passe réussie.

Performance sportive

Concept selon lequel on mesure l'activité sportive. Les données indispensables à l'identification d'une performance sont le temps ou le score au tableau d'affichage, selon les règles du sport en question. Selon Claude Fauquet, un ancien directeur technique national de la natation française dans les années 2000, la performance consiste à résoudre des problématiques données par la situation de compétition, quel que soit le sport.

Performer

Le mot « performer » est un néologisme provenant du verbe anglais *to perform* et largement utilisé dans le milieu sportif en France. Ce terme, qui se traduit littéralement par « exécuter » en français, exprime la réalisation d'une action sportive dans le but de s'améliorer, d'atteindre une performance. En liant ce néologisme au contexte sportif, le verbe « performer » recouvre donc le fait de résoudre des problématiques imposées par la situation de compétition sportive.

Plaquage

Geste technique qui vise à mettre l'adversaire au sol. Au rugby, le plaquage est dit « régulier » quand le joueur plaqué est en possession du ballon, quand il est réalisé avec les bras, et que la hauteur d'intervention est en dessous du niveau des épaules du plaqué.

Prédiction algorithmique

Calcul réalisé à partir de l'exécution d'un algorithme dans l'objectif de déterminer la valeur d'une ou plusieurs données dans le futur sur un phénomène en particulier. Les prédictions algorithmiques s'appliquent dans de nombreux domaines incluant le sport pour l'anticipation de blessures ou de performances dans le futur.

Ruck

Le mot *ruck* vient de l'anglais et veut dire mêlée « ouverte » ou « spontanée » par opposition à la mêlée « fermée » ordonnée par l'arbitre à la suite d'une faute. Contrairement à la mêlée « fermée », le *ruck* se forme dans le jeu courant, c'est-à-dire lorsque le ballon est en jeu, et est créé lorsqu'un joueur a été plaqué et mis au sol et qu'au moins deux joueurs (un joueur de chaque équipe) en plus du porteur du ballon entrent en contact pour le regagner. À partir de ce moment, le porteur libère le ballon et aucun des participants au *ruck* ne peut le prendre avec ses mains. La balle se gagne par la poussée axiale des participants. Une fois que le ballon est considéré comme gagné par une équipe, un joueur, qui ne participe pas au *ruck* de ladite équipe, peut s'en saisir et le transmettre à ses coéquipiers ou avancer en sa possession. La dernière particularité du *ruck* est qu'il crée une ligne imaginaire de hors-jeu pour l'équipe défendante. Cette ligne est toujours parallèle aux lignes de but du terrain, et se situe au niveau du dernier participant au *ruck*, du côté de l'équipe défendante. Les défenseurs doivent se situer derrière cette ligne et ne peuvent intervenir au-delà de cette ligne que lorsque le ballon est sorti de la zone dudit *ruck*.

Rugby

Sport collectif inventé au XIXe siècle dans la ville du même nom, en Angleterre. Ce sport se joue à quinze ou à sept joueurs par équipe, avec un ballon ovale, sur un terrain d'une longueur comprise entre quatre-vingt-quatorze et cent vingt mètres délimité par deux lignes de but matérialisées par des poteaux en forme de H. Il existe aussi le rugby à XIII, pratiqué sur le même terrain, mais les règles sont différentes du rugby à XV et à VII, qui ont tous les deux les mêmes règles.

Simulation (numérique)

Calcul réalisé automatiquement sur un ordinateur à partir de l'exécution d'un modèle algorithmique censé représenter un phénomène en particulier dans le but de répondre à une question précise, de résoudre un problème en particulier ou de comprendre des mécanismes. On parle de « simulation » car on simule *stricto sensu* la réalité dans le but de la comprendre.

Sport

Activité physique et mentale réalisée dans un cadre de loisir, en compétition amateur ou en carrière professionnelle. Il se réalise seul ou en équipe. Selon un recensement en 2003 de la *World Sports Encyclopedia*, de Wojciech Lipoński, il existe près de huit mille sports pratiqués dans le monde.

Statistique

Science qui s'intéresse à la mise en probabilités des phénomènes, des situations, des scénarios dans le but de mesurer la variabilité des grandeurs sur au moins une dimension afin d'en capturer l'occurrence. On utilise les statistiques pour analyser un échantillon de données ou pour réaliser des prédictions, par exemple.

Remerciements

Mes parents sont les principales personnes à qui je dois d'être celui que je suis aujourd'hui. Je suis né à Kinshasa, et je suis arrivé en France à l'âge de deux ans. Je ne cesse d'avoir en tête les souvenirs et discussions que j'ai pu avoir avec eux, sur leur vie en Afrique, notre arrivée en France et aussi sur toutes les questions existentielles que peut avoir un jeune adolescent qui tente de se construire. Ces moments d'échanges m'ont permis de réfléchir à la personne que je souhaitais être et à comment je voulais évoluer dans le monde qui m'entoure. Ils m'ont toujours poussé à faire au mieux. Je ne les remercierai jamais assez pour cela. J'ai également une pensée pour mon grand frère Herry et ma sœur Lætitia.

Je souhaite aussi remercier mes meilleurs amis, Dimitri, Fathi et Nico, qui à eux trois me connaissent sans doute plus que je ne me connais moi-même. Nous avons la chance de pouvoir nous challenger en permanence et nous voir réussir chacun dans notre domaine est une énorme fierté pour moi.

Je voudrais remercier tous les éducateurs et entraîneurs que j'ai connus depuis l'âge de cinq ans, avec une mention particulière pour Jeannot Bes, le premier d'entre eux, qui m'a donné la passion pour ce sport, et surtout le goût du dépassement de soi que j'ai encore aujourd'hui. Que ce soit au niveau amateur ou professionnel, le rugby est une véritable école de la vie, qui permet à un enfant, à un adolescent ou encore à un adulte de vivre des moments incroyables, qui lui donnent beaucoup d'outils pour évoluer sereinement dans le monde professionnel et personnel.

Il m'est impossible de ne pas remercier tous les clubs dont j'ai eu la chance de porter le maillot. Le RO Agde, où tout a commencé. L'AS Béziers Hérault, qui m'a permis de devenir professionnel et avec qui j'ai pu vivre toutes mes premières grandes émotions. J'ai eu la chance de porter pendant dix ans le maillot du Stade toulousain, qui était le club de mes rêves. J'ai pu marcher sur les traces de mes illustres prédécesseurs en remportant de nombreux titres, mais j'ai surtout pu rencontrer une ville et un public incroyables et j'ai pu construire de grandes amitiés avec certains de mes coéquipiers. J'ai l'habitude de dire que je suis arrivé là-bas comme un enfant, et j'en suis reparti comme un homme, merci pour cela. Enfin, j'aimerais remercier mon club actuel, le Racing 92. Les mots ne sont pas assez forts pour exprimer ma gratitude envers toutes les personnes qui partagent mon quotidien. Laurent Travers est l'entraîneur qui m'a donné le plus confiance en moi au niveau professionnel et je tiens à le remercier personnellement à travers ces quelques lignes. Je terminerai par Jacky Lorenzetti.

Sa générosité pour « son » club n'a d'égale que son goût pour le travail. Jacky est la personne la plus inspirante qu'il m'ait été donné de côtoyer. Je ne le remercierai jamais assez pour la confiance qu'il place en moi.

Je remercie tous les coéquipiers et les amis avec qui j'ai pu partager des moments formidables sur le terrain et en dehors. Si Dimitri Szarzewski est pour moi le meilleur d'entre eux, je ne peux pas ne pas citer des personnes comme Fred Michalak, Titi Dusautoir, Pato Albacete, qui sont les personnes dont je suis le plus proche dans le monde du rugby. Je remercie tous ceux et celles avec qui nous avons échangé tout au long de l'écriture de ce livre. Je pense en particulier à Nicolas Jover, Jérémy Cheradame et Julien Demeaux.

J'aimerais remercier ma maison d'édition et mes éditeurs, Laurent Nunez et Muriel Beyer, d'avoir cru en ce livre et de nous avoir si bien soutenus tout au long de l'écriture et des relectures. J'aimerais avoir un remerciement tout particulier pour Aurélie, qui est à la base de cette formidable aventure. J'ai adoré l'expérience d'écrire avec elle. Je ne pouvais pas imaginer meilleure coauteure, tant elle m'a bien accompagné dans la rédaction de cet ouvrage. Aurélie a cette force de conviction, cette rigueur organisationnelle et cette confiance en elle, communicatives, qui font d'elle une femme à part que je considère aujourd'hui comme une amie. Je remercie aussi celle qui est comme une mère pour elle de l'autre côté de l'Atlantique, Jane Krantz, de nous avoir aidés dans la recherche du titre de cet ouvrage.

J'oublierai sans doute certaines personnes, alors je souhaite aussi remercier les hommes et les femmes que j'ai croisés dans mon existence, de près ou de loin, professionnellement ou personnellement. Dans ma quête de développement personnel, vous avez tous eu un impact tant je cherche l'inspiration dans les moindres moments que je vis.

Enfin, je finirai par les trois personnes les plus importantes de ma vie : ma femme, Laure, ma fille, Jade, et mon fils, Jean. Vous êtes mon havre de paix, ma motivation, mon pourquoi. J'essaie tous les jours de vous donner autant que ce que vous m'apportez. J'espère vous rendre fiers à la hauteur de ce que vous me rendez heureux. Je vous aime.

Table

Composition et mise en pages
Nord Compo à Villeneuve-d'Ascq

CET OUVRAGE
A ÉTÉ ACHEVÉ D'IMPRIMER
SUR ROTO-PAGE
PAR L'IMPRIMERIE FLOCH À MAYENNE
EN JUIN 2023

N° d'impression : 102792
Imprimé en France